V&R

Annette Drüner

Kinder bis drei – geborgen und frei

Dialogisch arbeiten in der Frühpädagogik

Mit 24 Abbildungen

Vandenhoeck & Ruprecht

Bibliografische Information der Deutschen Nationalbibliothek:
Die Deutsche Nationalbibliothek verzeichnet diese Publikation in der Deutschen Nationalbibliografie; detaillierte bibliografische Daten sind im Internet über https://dnb.de abrufbar.

Umschlagabbildung: © Phoebe Sophie Peters

Satz: SchwabScantechnik, Göttingen
Druck und Bindung: CPI books GmbH, Leck
Printed in the EU

Vandenhoeck & Ruprecht Verlage | www.vandenhoeck-ruprecht-verlage.com

ISBN 978-3-525-70304-5

Inhalt

Einstimmung

Alle, die Plätze für die Betreuung von Kindern unter drei Jahren anbieten (oder anbieten müssen, weil es einen Rechtsanspruch für Eltern gibt und viele Plätze fehlen), stehen vor der Aufgabe, gute Entwicklungsbedingungen für diese Altersstufe zu schaffen.

Der gängige Begriff »Kinder unter drei« vermittelt eine problematische Sicht: Was sind das für Menschenkinder, die mit »unter« bezeichnet werden? Sie scheinen noch nicht fertig zu sein, etwas noch nicht erreicht zu haben. Äußerungen wie »Na, die sollen doch erstmal drei und trocken werden, dann arbeiten wir an der Schulreife …« beschreiben daher eine Sichtweise, die unangemessen ist. Sie legt nahe, sich an der vertrauten Altersstufe der drei- bis sechsjährigen Kinder zu orientieren und das geht in der Arbeit mit den Jüngsten schief. Entwicklungspsychologisch betrachtet haben junge Kinder andere Themen: Sie beginnen zu erkennen, dass sie eigenständige Personen sind, sie werden sich ihres Ichs bewusst. Auch begegnen sie das erste Mal vielen anderen Menschen, die ihnen ganz neue Beziehungen als die bekannten familiären anbieten. Junge Kinder beschäftigen sich mit dem Kennenlernen der dinglichen Welt, sie bauen erste Vorstellungen von Raum und Zeit auf. Die Bewegungsentwicklung erweitert ihre Möglichkeiten die Welt kennenzulernen. Sie sind bei alldem noch sehr stark auf die sichere Beziehung zu Erwachsenen angewiesen. Viel Hilfe und Unterstützung im Bereich Pflege und Versorgung sind nötig. Somit ergibt sich ein ganz eigener Betreuungs- und Bildungsauftrag.

Das Konzept »Kinder bis drei – geborgen und frei« regt an, nicht aus der Perspektive seiner Zukunft auf das Kind zu schauen, sondern von der Zeit her, die das Kind schon erlebt hat: Nämlich die Lebensspanne von der Zeugung bis zu dem Tag, an dem das Kind Sie, die Pädagogin, kennenlernt!

Mit dem Begriff Pädagogin möchte ich alle Personen ansprechen, die in Kitas, in der Tagespflege, in Spielgruppen oder anderweitig mit Kindern bis drei Jahren arbeiten. Frauen und Männer, Erzieher*innen, Tagespflegepersonen, Sozialassistent*innen, Drittkräfte, QuiK-Kräfte, Sozialpädagog*innen, Kindheitspädagog*innen, Quereinsteiger*innen … Ich nenne sie im weiteren Text Pädagogin und bitte Sie, liebe*r Leser*innen, sich angesprochen und gemeint zu fühlen. Sie, denen die Arbeit mit dieser Entwicklungsstufe bekannt und vertraut ist oder Sie, die sich dafür interessieren.

Betreuungs- und Bildungsangebote für die jungen Kinder sollten sich also nicht an dem orientieren, was die älteren Kinder machen. Sie sollten aus der Erfahrungswelt des noch kurzen Lebens des Kindes auf dieser Welt abgeleitet sein.

Und dann
… ist eine sorgfältige Eingewöhnung unabdingbar.
… brauchen junge Kinder eine liebevolle Pflege und Versorgung.
… benötigen sie eine reizvolle Umgebung, in der sie selbstständig forschen und lernen können.

Dazu brauchen sie
… aufmerksame Erwachsene, die ihnen Dinge, Erfahrungen und Gefühle benennen.
… andere Kinder, weil man viel miteinander erleben und lernen kann.
… genug verstehbares Spielmaterial.
… freie Bewegungsmöglichkeiten in ruhigen, sicheren Räumen, die sich öffnen werden, wenn die Zeit reif ist, den nächsten Entwicklungsschritt zu gehen.

Ich möchte Sie einladen mithilfe verschiedener Fragestellungen und kleiner Einfühlungsübungen, sich selbst und den Kindern nahe zu kommen und den Lebensalltag mit diesen so zu gestalten, dass die Kinder »ihre Hausaufgaben« machen können. Denn jede Lebensphase und jeder Entwicklungsschritt haben ihren Sinn und legen das Fundament für weitere.

Nicht so sehr, wann und wie schnell das Kind etwas Bestimmtes lernt, sondern die Qualität dieses Lernprozesses und seine Bedeutung für das weitere Leben des Kindes stehen im Vordergrund.

Die Erkenntnis dieser Bedeutungszusammenhänge hilft den Pädagoginnen eine bewusste, fundierte Haltung einzunehmen. Ihre Arbeit orientiert sich fortan weniger an Programmen, allgemein gehaltenen Angeboten und unflexiblen Tagesabläufen, sondern an den wirklichen Bedürfnissen und Interessen der Kinder.

Aktiv, friedlich und freudevoll sein können, soziale Bezüge gestalten und genießen können, interessante Arbeit zu haben, gute Selbstfürsorge üben, Sinnerfüllung erfahren: Das sind sicher Lebensziele, zu denen kaum jemand »Nein« sagt. Das lernen und erfahren Menschen schon von klein auf. Oder eben nicht.

Beziehungen so zu gestalten, dass Kinder sich frei entwickeln können, ohne die dafür notwendige Geborgenheit und Fürsorge zu vermissen, ist ein Balanceakt. Um nicht normativ einschränkend zu sein, um Kinder individuell zu sehen, um nicht im Alltag der Einrichtungsroutine unterzugehen, brauchen Pädagoginnen ein gerüttelt Maß an Mut und Flexibilität. Dieses Buch soll Sie als Leser*in anhand von Beispielen aus dem Betreuungsalltag dazu ermutigen.

Fragen wir also nicht nur: Sind die Kinder reif für die Krippe/Tagespflege?

Sondern auch: Ist unsere Krippe/Tagespflege reif für die Kinder?

Mit jungen Kindern auch nonverbal im Dialog zu sein, verlangt achtsames pädagogisches Handeln. Das braucht Zeit, Vertrauen und Können. Kinder so zu begleiten, dass sie ein erfülltes Leben erfahren, ist eine pädagogische Kunst.

Das Buch erzählt Geschichten, die Pädagoginnen anregen, eine neue Haltung aus neuem Verstehen zu entwickeln. Denn junge Kinder haben eigene Entwicklungsthemen, die sie durch ihr Verhalten kommunizieren. Damit in den Dialog zu gehen, ermöglicht Pädagoginnen den Alltag mit den Kindern gelassener und beziehungsvoller zu gestalten – das macht glücklich!

1 Wo die kleinen Kinder herkommen: Sozialer Uterus, Menschenbild und Entwicklungspsychologie der Frühpädagogik

»Wo kommen die kleinen Kinder her« – so hieß das Aufklärungsbuch, das meine Mutter mir und meinem Bruder gab. Das Buch, welches Sie gerade in den Händen halten, ist kein Aufklärungsbuch im üblichen Sinn. Es lohnt sich jedoch sehr, zu fragen, wo die jungen Kinder eigentlich herkommen, die in der außerfamiliären Betreuung sind. Und sich als Pädagogin einmal in diese frühe Zeit einzufühlen, um reflexiv mit sich umgehen zu können.

Einfühlungsübung

(Ich erlaube mir, Sie bei den Übungen und den persönlichen Anregungen und Fragestellungen zu duzen. Es fällt oft leichter, sich etwas vorzustellen, wenn man persönlich mit einem »Du« angesprochen wird.)
Stell dir vor:
Die Welt, in der du lebst, ist fast dunkel, da ist ein großer rhythmischer Ton, auch andere Geräusche, alle gedämpft zu hören. Du bist getragen vom warmen Wasser. Davon sicher umschlossen, geborgen, geschaukelt, konstant versorgt mit allem, was du brauchst. Da ist nie Hunger, auch kein Durst … Du spürst gar keine Bedürfnisse, einfach nur Dasein, ohne davon zu wissen.

So ist es vielleicht, wenn alles gut geht: Das Leben vor der Geburt. »Das ist ja wie im Paradies, alles ist einfach da, nur Sein, das ist wie ›all inclusive‹, Ganz-Sein«, sagten die Pädagoginnen, die ich nach der Übung fragte, wie sich das wohl anfühlen mag. Ein Gefühl wie unbegrenzt, schrankenlos, frei und geborgen und gleichsam im »Ozeanische[n]« zu sein. So nannte es ein Freund von Sigmund Freud (Freud 1930, S. 32).

Im Einssein mit der Mutter, ungetrennt und total abhängig von ihr, wächst das Kind im Mutterleib heran. Es hat noch kein Bewusstsein seiner selbst. Es entwickelt sich, wächst, bildet seine Physiologie aus und entwickelt Wahrnehmungsmöglichkeiten. Alle Informationen betreffen es ganz, es hat keine Möglichkeit, sich zu schützen, sich abzugrenzen. Es ist mit allem verbunden und hat noch kein Ich entwickelt, das sich abwenden kann.

Sich mit allem Eins zu fühlen, könnte eine erste, wenn auch unbewusste, Lebenserfahrung sein.

Zum Schmunzeln schrieb Henry M. Nouven eine kleine Fantasie dazu und die geht so:

> »Ein Zwillingspärchen unterhält sich im Bauch der Mutter:
> ›Sag' mal, glaubst du eigentlich an ein Leben nach der Geburt?‹, fragt der eine Zwilling.
> ›Ja, auf jeden Fall! Hier drinnen wachsen wir und werden für das, was draußen kommen wird, vorbereitet‹, antwortet der andere Zwilling.
> ›Ich glaube, das ist Blödsinn!‹, sagt der erste. ›Es kann kein Leben nach der Geburt geben – wie sollte das denn bitte schön aussehen?‹
> ›So ganz weiß ich das auch nicht. Aber es wird sicher viel heller als hier sein. Und vielleicht werden wir herumlaufen und mit dem Mund essen?‹
> ›So einen Unsinn habe ich ja noch nie gehört! Mit dem Mund essen, was für eine verrückte Idee. Es gibt doch die Nabelschnur, die uns ernährt. Und wie willst du herumlaufen? Dafür ist die Nabelschnur viel zu kurz.‹
> ›Doch, es geht bestimmt. Es wird eben alles nur ein bisschen anders.‹
> ›Du spinnst! Es ist noch nie einer zurückgekommen nach der Geburt. Mit der Geburt ist das Leben zu Ende, Punktum.‹
> ›Ich gebe ja zu, dass keiner weiß, wie das Leben nach der Geburt aussehen wird. Aber ich weiß, dass wir dann unsere Mutter sehen werden, und sie wird für uns sorgen.‹
> ›Mutter??? Du glaubst doch wohl nicht an eine Mutter? Wo ist sie denn bitte?‹
> ›Na hier – überall um uns herum. Wir sind und leben in ihr und durch sie. Ohne sie könnten wir gar nicht sein!‹
> ›Quatsch! Von einer Mutter habe ich noch nie etwas bemerkt, also gibt es sie auch nicht.‹
> ›Doch, manchmal, wenn wir ganz still sind, kannst du sie singen hören. Oder spüren, wenn sie unsere Welt streichelt.‹« (Nouwen 1994, S. 36 f.)

Das Leben vor der Geburt dauert ungefähr zehn Monate. Wir haben es alle erlebt und können uns doch nicht bewusst daran erinnern. Unser Ich, welches eines Tages auch die Erinnerungsfähigkeit ausbildet, ist noch nicht entwickelt. Und doch können wir uns in die Situation einfühlen. Wir haben eine Ahnung von diesem Zustand des Noch-nicht-getrennt-Seins. Und wir können ein Gefühl der großen Verbundenheit mit allem oder sogar das Gefühl des Eins-Seins mit der ganzen Welt erleben.

Fragen wir uns doch einmal selbst, wann es in unserem Leben Momente dieser Verbundenheit gibt oder gegeben hat. Momente, in denen man sich gelöst fühlt, sich so wohl fühlt, dass sich die Grenzen zwischen der eigenen Person und einer anderen oder der Welt für einen kurzen Moment aufzulösen scheinen. Momente von Glück und Erfüllung, die wir in verschiedenen Situationen unseres Lebens erfahren dürfen.

Einfühlungsübung
Ich lade dich ein, schenk dir einen Moment des Innehaltens und stell dir vor, wann du einen solchen Moment erlebt hast.

Es sind Momente, die wir im Urlaub am Meer oder auf dem Berggipfel erleben können. In der Weite sein, losgelöst von der Erdenschwere, himmlische Freiheit spüren oder getragen von weichem Sand, das Geräusch der gleichmäßigen Welle im Ohr, die Wärme auf der Haut – so können wir einmal alles vergessen. Die Zeit und alle Anforderungen scheinen außer Kraft gesetzt. Es ist ein reiner Genuss. Oft wird uns erst hinterher bewusst, was uns da gerade für ein kostbarer Moment geschenkt wurde.

Erzeugen können wir solche Momente nicht. Wir können uns nur an geeignete Orte begeben, uns Zeit schenken und dann passieren sie uns manchmal. In der Natur, im Zusammensein mit Tieren, in der liebevollen, auch erotischen Beziehung zu Menschen, in der Verliebtheit. Auch wenn unsere Seele in der Tiefe berührt wird, in der Meditation, bei religiösen Menschen im Gebet, in der Begegnung mit Gott, können wir Verbundenheit mit allem erleben. Auf jeden Fall erleben Säuglinge, Verliebte und manchmal vielleicht auch Sie, sich als nicht ständig von der Welt getrennte Wesen. Solche Momente entstehen in der Hingabe und werden als Glück, Flow und Erfüllung erlebt. Sie sind kostbar und scheinen, an das Leben vor der Geburt zu erinnern. Vielleicht ist es ja auch nach dem Leben auf dieser Welt so ähnlich?

Wird in dieser ersten Lebensphase vor und nach der Geburt die Fähigkeit gelegt, im weiteren Leben diese besonderen Höhepunkte erleben zu können? Wir wissen es nicht.

Wenn es aber die Möglichkeit gibt, die Erfahrung der Aufhebung von Trennung von Subjekt und Objekt zu machen und wir ein Bewusstsein von

Einheit, die Erfahrung von tiefem Glück, ein erstauntes Heraustreten, eine ekstatische Erfahrung machen können, dann sollten wir uns fragen: Was ist der Sinn einer solchen Erfahrungsmöglichkeit? Wozu könnte sie uns im Leben dienen? Wenn das Leben so beginnt und es immer wieder möglich ist, in diese Erfahrung einzutauchen, könnte das einen Sinn haben? Sollten wir sie kultivieren oder als esoterischen Humbug abtun?

Ich halte diese Fähigkeit, Verbundenheit mit allem zu spüren, für eine wichtige Ressource unseres Menschseins. Sie schenkt uns erfüllende Momente, aus denen wir Kraft schöpfen. Sogar die bloße Erinnerung und Vergegenwärtigung solcher Momente kann zu einer Quelle der Energie werden. Aus dieser Quelle könnte außerdem auch die Fähigkeit zur Übernahme von Verantwortung erwachsen. Engagement zu zeigen für Menschlichkeit, für unsere Umwelt, sich in pädagogischen, lehrenden, spirituellen oder heilenden Feldern zu bewegen: All das könnte hier wurzeln. Denn es scheint leichter, sich für den Erhalt der Natur und eine humane Politik einzusetzen, wenn man sich mit der Welt und der Menschheit im Allgemeinen verbunden fühlen kann. Sich als Teil des großen Ganzen zu sehen und fühlen zu können, bildet eine gute Grundlage für ein Engagement, das über die eigene Person hinausgeht. Das beschreibt bereits ethische Fragen und allgemeine Bildungsziele.

Für die praktische Arbeit mit jungen Kindern scheint es mir wichtig, auch einen emotionalen Zugang zum Erleben des Säuglings zu haben. Wir können uns diesen jungen Menschen als ein Wesen vorstellen, das aus der oben geschilderten Erfahrung kommt, noch sehr mit ihr verbunden ist und erst seit kurzer Zeit auf dieser Welt lebt. Allerdings hat das Ungeborene noch mehr erlebt: Am Ende dieser ersten Lebensphase wurde es buchstäblich »sehr eng« und denke man erst an die Geburt an sich! Sie ist sehr anstrengend für Mutter und Kind.

Die Geburt findet statt, wenn das Kind im Vergleich zu anderen neugeborenen Wesen noch sehr unreif ist. Es braucht danach eine lange Zeit der Fürsorge. Nach Adolf Portmann ist »der menschliche Geburtszustand eine Art ›physiologischer‹, d. h. normalisierter Frühgeburt« (Portmann 1960, S. 51). Das ist notwendig, weil der Kopf des Kindes und das Becken der Mutter gerade noch zusammenpassen. Das Becken ist starr und fest, um den aufrechten Gang zu ermöglichen, es trägt das Körpergewicht. Der Kopf des Menschen ist aufgrund zunehmender Hirnleistung immer größer geworden, so muss das Kind geboren werden, wenn es noch sehr unreif ist, ansonsten würde der Kopf einfach zu groß sein.

Es ist ein schmerzhafter, manchmal langer Weg aus der Einheit zur ersten Trennung von Mutter und Kind. Ein Weltenwechsel ist es allemal. Das Leben nach der Geburt hat ganz neue Bedingungen: Nun gibt es harte und weiche, hohe und tiefe Töne und Geräusche zu hören, warmes Wasser umgibt das Kind eher selten. Leben an der Luft folgt viel spürbarer den Gesetzen der Schwerkraft, mit der und gegen die es sich zu bewegen gilt. Manchmal geborgen im Arm sein, manchmal allein; geliebt, aber nicht immer befriedigt, manchmal schreien müssen und manchmal glucksen vor Lust. Wie die Vertreibung aus dem Paradies?

Ja, das Paradies der Bedürfnislosigkeit ist vorbei. Nun gilt es unter ganz anderen Bedingungen zu leben und in vielfältige Beziehungen zu gelangen. Vielleicht ist es auch für die Mutter, die Eltern und alle anderen, die diesen neugeborenen Menschen nun erst einmal kennenlernen müssen, eine Herausforderung? Das Kind entspricht vielleicht nicht immer dem Bild, welches der Einzelne sich von ihm gemacht hat. Es bleibt nicht viel Zeit darüber nachzudenken. Der Säugling ist in hohem Maße auf die Erwachsenen angewiesen und beansprucht deren Zeit. Nach dem mütterlichen Uterus, in dem der Fötus heranreifen konnte, ist das Neugeborene nun hilflos auf die Welt gekommen. Der Säugling braucht verantwortliche Menschen, die ihm einen Raum bereiten und seine Bedürfnisse erfüllen. Sie stellen ihm nun einen sozialen Uterus zur Verfügung.

> »Diese Sonderart der Entwicklung wird dadurch gesichert, dass der Mensch zwar in einem gestaltlich wie psychisch recht weit entwickeltem Zustande geboren wird, aber doch noch sehr lange vor der Reifung seiner typischen Verhaltensformen, für deren Werden so die Möglichkeit des Kontaktes mit der Umgebung, eines reichen Welterlebens und der Sozialerfahrung geschaffen wird.« (Portmann 1960, S. 77)

Diese Umgebung ist durch die jeweilige Kultur geprägt. Ihr Zeitgeist, ihre Überzeugungen und Vorstellungen von Gut und Richtig, auch die materielle Ausstattung der Familie und Gesellschaft und ihre emotionalen und geistigen Potenziale gestalten dieses frühe Miteinander von Kindern und Erwachsenen ganz unterschiedlich. Die hohe Bedeutung der frühen Lebens- und Beziehungserfahrungen ist jedoch gleich. Alle Kinder müssen bestimmte Bedingungen für einen gelingenden Lebensanfang vorfinden. Diese Bedingungen können äußerlich unterschiedlich gestaltet sein, haben aber die gleichen Inhalte. Menschen brauchen im Gegensatz zu Tieren eine lange Zeit der Versorgung und eine Begleitung, die feinfühlig erfassen sollte, was nötig ist, damit sich das Kind gesund entwickelt:

- Gegen Hunger und Durst bedarf es Menschen, die dem Neugeborenen Sättigung ermöglichen. Es braucht viel Körperpflege, bis es sich selbständig versorgen und pflegen kann.
- Ein Säugling braucht Geduld und Klarheit, damit er sich in den Tag- und Nachtrhythmus einfinden kann. So lernt er die ersten Strukturen dieser Welt kennen und erlebt Aktivitäts- und Ruhephasen.
- Das Kind ist nun Wärme und Kälte ausgesetzt und braucht Menschen, die erkennen, wann ihm welche Kleidung angezogen werden muss.

Schon früh erkennen Säuglinge Gesichter und Stimmen vertrauter Personen. Kommunikation findet durch Schreien und Beruhigen, Lächeln, Ab- und Zuwenden, miteinander Glucksen und Tönen statt. Ein Kind kann von Geburt an zwischen Unlust und Lust unterscheiden. In den ersten Lebensmonaten erlebt es Basisemotionen, also erste Gefühle von Freude, Interesse, Angst, Traurigkeit, Ekel, Überraschung und Ärger. Diese Gefühle werden ausgedrückt: Das Kind lacht, weint, zeigt sich ärgerlich. Um Befriedigung zu erleben und mit Frustration fertig zu werden, ist es auf die Mutter und andere Menschen angewiesen, die es beantworten. Die Gefühle selbst zu regulieren ist eine große Entwicklungsaufgabe und braucht viele Jahre. Sich in andere einzufühlen ist ein spannender Prozess, den ich im 5. Kapitel genauer beschreibe. Langsam und in vielen Phasen von Bewegung und Ausruhen erlebt das Kind seine Äußerungen und die Reaktionen von anderen darauf und entwickelt so in den ersten zwei Lebensjahren eine Vorstellung von sich selbst. Bei Kindern mit Einschränkungen braucht es oft mehr Zeit und spezielle Unterstützung. Aber auch bei Kindern ohne Beeinträchtigungen gibt es große Entwicklungsspannbreiten. Zum Beispiel kann das Laufen lernen zwischen dem 9. und 18. Lebensmonat variieren. Von außen betrachtet erscheinen uns Menschen mit Behinderungen »anders«. Unter Kindern herrscht dagegen oft ein noch unbewusster, aber ausgesprochen annehmender Umgang mit Unterschiedlichkeiten. Ein Kind wird nie nach Entwicklungstabellen fragen. Stellen auch wir hin und wieder unsere Ziele mit diesen Kindern infrage und schauen, wie es ihnen gut geht und ob sie die Zeit bekommen, die sie brauchen. »Eine gute Beziehung und das Gefühl von Geborgenheit sind die Bedingungen für einen seelischen Zustand, der es den Kindern erlaubt, sich mit Interesse der äußeren Welt zuzuwenden und auf Reize zu antworten, was wiederum die Entwicklung all ihrer Fähigkeiten belebt« (Falk/Aly 2012, S. 29).

Ohne gute pflegende und versorgende Beziehungen wäre menschliche Entwicklung nicht möglich. Liebe und Zuwendung gehören unabdingbar dazu.

Dem Stauferkaiser Friedrich II. wird zugeschrieben, dass er das bereits Anfang des 13. Jahrhunderts mit einem Versuch bewiesen habe: Er wollte herausfinden, welche Ursprache Kinder sprechen und ließ Säuglinge von Ammen aufziehen, die sie nicht ansprechen und ihnen keine Zuneigung zeigen durften. Sie starben alle, denn, »sie vermochten nicht zu leben ohne das Händepatschen und das fröhliche Gesichterschneiden und die Koseworte ihrer Ammen und Näherinnen« (Zimmer 1986, S. 7).

Es entsteht also keine Sprache, ohne angesprochen zu werden. Und Menschen sterben, wenn sie nicht ein Mindestmaß an Liebe und Zuneigung erfahren. Wenn aber Befriedigung überwiegt, wenn der Säugling geliebt wird und sich auf der Welt willkommen fühlt, kann das Kleinstkind Vertrauen ins Leben haben und es entwickeln sich in ihm Bindung und Urvertrauen. Wird diese Sicherheit stark ausgebildet, ist sie wiederum die wichtigste Basis im weiteren Leben.

Schenkt uns das nicht ein anderes, neues Bild vom Kind, wenn wir von seiner bisherigen Lebenszeit ausgehen? Welche Haltung ergibt sich daraus für die Frühpädagogik?

Wenn sich die Pädagogin auf die Vorstellung einlässt, dass das Kind einerseits viel Zuwendung und Unterstützung braucht und andererseits weiß, dass in jedem Menschen ein immenser innerer Antrieb liegt, kann sie eine Haltung einnehmen, die vom Dialog geprägt ist: Keiner braucht einem Kind zu zeigen, wie es sich auf die Seite dreht, robbt, kriecht, krabbelt und sich irgendwann zum menschlichen aufrechten Gang erhebt. Zu sehen, mit welcher Geduld und Ausdauer ein Kind dies allein tut, wie viele Misserfolge es locker wegsteckt und wie stolz es auf Erfolge ist, zeigt, was in Menschen angelegt ist und zur Entwicklung drängt. Diese inhärente Tendenz zur Entfaltung aller Kräfte führt auch dazu, dass das Kind Fähigkeiten, die es gut beherrscht, zugunsten neuer Möglichkeiten aufgibt. Beispielsweise gibt so ein Kind, das schon sehr gut und schnell krabbeln kann, diese erworbene Fähigkeit auf und lernt mühsam und geduldig laufen. Erziehung und Begleitung kann diesem enormen Entwicklungstrieb Schubkraft geben, aber ihm auch Grenzen setzen. Manche Anteile von Erziehung können, selbst wenn sie gut gemeint sind, Schaden anrichten.

In der Realisierung dieser Sichtweise wird die Pädagogin sich viel stärker auf die Botschaften des Kindes einlassen und kann daraus eigene Sicherheit für ihr Tun ableiten. Sie wird das Kind in seinen verbalen und vor allem nonverbalen Äußerungen ernst nehmen und viele erfüllende Momente erleben können.

Jesper Juul antwortet auf die Frage, ob er etwas gegen Krippen habe: »Gar nichts. Wenn sie den Bedürfnissen der Kinder gerecht werden und die Erzieherinnen wissen, was sie tun« (Juul zit. n. Otto 2012).

Wissen wir nun, was wir tun? Unser Tun ist abhängig von unserem Wissen und von unseren eigenen Lebenserfahrungen.

In der Arbeit mit jungen Menschen sind die Möglichkeiten der eigenen Person die wichtigste und manchmal entscheidende Ressource und deshalb möchte ich Mut machen, sich mit sich selbst zu beschäftigen. Ich halte dies auch für eine besondere Chance der »Beziehungsberufe«, denn es schenkt uns die Möglichkeit, uns im Spiegel der Kinder selbst zu betrachten und uns weiterzuentwickeln.

Denn eins ist sicher: Alles, was ein Mensch im Laufe seiner Kindheit und seines weiteren Lebens erfährt, hat seine Wirkung.

- Wir sind die Summe unserer bisherigen Erfahrungen.
- In jedem Moment unseres Lebens sind wir genau das, was unsere Entwicklung daraus gemacht hat.
- Je älter wir werden, umso mehr Möglichkeiten haben wir, unser Bewusstsein zu schärfen, unser Leben zu gestalten und zu verändern, Versäumtes nachzuholen und Überflüssiges loszulassen.
- Wir können uns immer mehr aus der Abhängigkeit, in der wir als Kinder lebten, lösen und uns zu dem entfalten, was wir sein möchten.

Hier schließt sich ein Kreis. Je freier und bewusster sich erwachsene Menschen Kindern zuwenden, desto weniger übertragen sie eigene, ungelöste Verstrickung auf ihre Erziehungsmethoden. Darüber nachzudenken lohnt sich.

Kinder lernen in und durch die Beziehungen zu Erwachsenen und Kindern. Dieses Buch gibt Anregungen, Beispiele und Begründungen über das »Wie, Was und Warum« der Gestaltung von liebe- und respektvollen Beziehungen. In der Ausübung eines pädagogischen Berufes sind Kinder ein ehrlicher und direkter Spiegel. Sie imitieren das Verhalten und den Sprachgebrauch der Erwachsenen, ihrer Vorbilder. Das ist oft Grund zur Erheiterung, kann aber auch ein Denkanstoß sein und sogar zum Handeln bewegen.

Manchmal hindert uns etwas daran, uns den Kindern bewusst, geduldig und aufmerksam zuzuwenden. Wir tragen innere Kämpfe aus, haben Zweifel und fühlen uns gar nicht so frei.

Vielleicht entdecken wir unbearbeitete Situationen aus unserem Leben, die gesehen sein wollen. Bei aller inneren Arbeit geht es um einen

liebevollen Blick auf sich selbst, eine forschende Haltung – eine Haltung, die auch den Mut unterstützt, sich einzugestehen, dass manches kritisch betrachtet werden will. Eine Bearbeitung innerer Themen sollte immer dem Leben dienen: Wenn alte Muster und Verstrickungen gelöst sind, lebt es sich sicherer und freier, die eigenen Potenziale können sich besser entfalten und die Übertragungen auf andere Menschen werden sichtbar und können losgelassen werden.
Ein Beispiel gibt der Brief einer Erzieherin:

Liebe Annette!
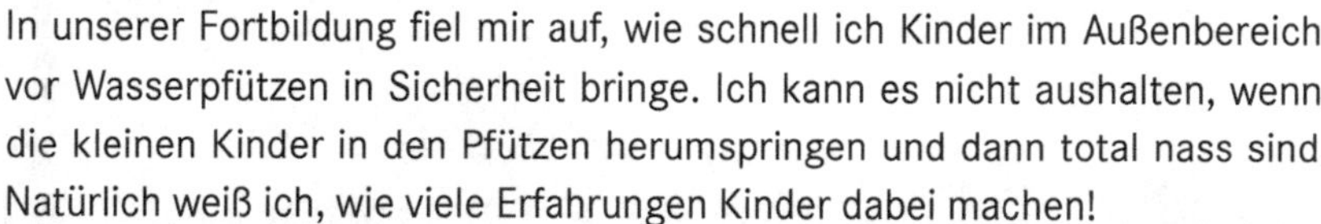
In unserer Fortbildung fiel mir auf, wie schnell ich Kinder im Außenbereich vor Wasserpfützen in Sicherheit bringe. Ich kann es nicht aushalten, wenn die kleinen Kinder in den Pfützen herumspringen und dann total nass sind. Natürlich weiß ich, wie viele Erfahrungen Kinder dabei machen!
Es stellte sich die Frage: »Warum kann ich das so schlecht aushalten?« In unserem Gespräch kam ich darauf, es könnte etwas mit meinem sehr autoritären Vater zu tun haben. Die Worte von ihm »Mach dich nicht schmutzig, dann braucht man viel Zeit, um alles wieder sauber zu bekommen …« klangen mir noch nach 54 Jahren in den Ohren! Es war tatsächlich auch für mich der Grund, warum ich nicht aushalten kann, wenn Kinder in Pfützen spielen. Die Zeit sollte für etwas Sinnvolleres genutzt werden: Etwas zu machen, was auf Väter Eindruck macht. Da war er wieder, der übermächtige Vater! Nach so langer Zeit beeinflusst er immer noch mein Tun.
Nach dieser Erkenntnis schlugst du mir vor, mich von diesem alten Muster zu lösen, es entstand die Idee, einen Spaziergang zu machen, mich von diesem Einfluss zu lösen und die Last abzuwerfen. Dies habe ich auch getan, auf dem Spaziergang sagte ich mir immer wieder: »Vater, du lässt mich von nun an in Ruhe.« Ich warf einen großen Ast den Hang hinunter mit den Worten: »Von nun an mache ich die Dinge ohne dich und so wie ich es will!« Ich fühle mich total befreit!
Ulrike

In Beziehung und im Dialog mit Kindern zu sein heißt immer: Ich bin als Person dabei mit all meinen eigenen Geschichten. Nutzen wir diese besondere Chance unseres Berufes und nehmen unsere eigene Geschichte immer mal wieder in den Blick!

2 Mut zu Nähe und Respekt:
Bindungsverhalten erkennen und gute Beziehungen gestalten

Das Kind, das aus der großen Verbundenheit zur Mutter durch die Geburt in die Welt geworfen ist, braucht die Sicherheit einer Bindung. Sicherheit gibt eine Person, die umgehend auf die Äußerungen des Kindes reagiert und damit schnell beantwortet. Nun wird die Mutter oder die Person, die es versorgt, nicht von Anfang an und auch später nicht immer sofort erkennen, welches Bedürfnis das Kind mit seinem Schreien oder anderem Bekunden von Unwohlsein anzeigt. Sie wird oft direkt und angemessen reagieren können und manchmal wiederum nicht. So lernt sie ihr Kind kennen und kann mit der Zeit die unterschiedlichen Formen einschätzen, mit denen ihr Kind seine Bedürfnisse ausdrückt. Erste Dialoge entstehen, sie sind durch Blicke, Worte und Berührungen getragen.

Das Kind macht in dieser ersten Bindungsbeziehung idealerweise die Erfahrung, dass es wahrgenommen, ernst genommen und gesehen wird. Dann kann es sich wichtig, wertvoll und gemeint fühlen. Das Neugeborene erfährt dadurch, dass es auf dieser Welt gern gesehen ist, dass es einen Platz hat. Es erlebt geliebt zu sein und Raum einnehmen zu dürfen. So erfährt sich ein Mensch, von Beginn seines Lebens an, als ein Gegenüber und als Partner einer Interaktion.

Wenn allerdings das Bedürfnis des Kindes nicht sofort erkannt und erfüllt wird, macht es eine andere Erfahrung. Ein Beispiel: Ein Säugling weint. Er wird gewickelt. Er weint weiter. Vielleicht hat das Kind Hunger oder möchte spielen? Wird sein Bedürfnis nicht gleich erfasst und adäquat beantwortet, erlebt das Kleinstkind ersten Frust und ist unzufrieden. Nun schreit es weiter oder zeigt sich ärgerlich. Damit macht das Kind eine wichtige Erfahrung: Das Einssein ist aufgelöst, zwischen der Äußerung eines Bedürfnisses und seiner Befriedigung vergeht Zeit. So erlebt sich der Mensch das erste Mal als getrennt und damit als eigenständig. Die eigene Person erwacht!

Folglich hat also auch die Erfahrung, nicht immer prompt alle Bedürfnisse erfüllt zu bekommen, einen Sinn. Die eigene Person, die später als

»Ich« erkannt werden wird, ist jetzt allerdings in ihrer noch immer großen Abhängigkeit total auf die Versorgung durch Erwachsene angewiesen.

Ein Säugling sollte deshalb bitte nicht aus pädagogischen Überlegungen heraus frustriert werden. Nie soll er schreien, weinen oder wütend sein müssen, weil Erwachsene meinen, ein Baby müsse das Warten lernen, seine Lunge stärken und aushalten lernen, sonst würde es zu egoistisch. Wir haben eine Zeit der »schwarzen« Pädagogik hinter uns und sollten die Nachwirkungen in unserem Bewusstsein tragen und uns fragen: Ist es gut, gleich zu reagieren und sich nach den Bedürfnissen des Kindes zu richten? Oder wird es dadurch verwöhnt? Macht es uns vielleicht Angst, dass das Kleinkind Macht ausüben könnte? Soll es nicht doch eine Zeit lang schreien und sich an unsere Zeiten halten? Diese Gedanken und Gefühle können getrost der Erkenntnis weichen, dass ein junges Kind, das noch nicht selbst für sich sorgen kann, nicht dadurch verwöhnt wird, dass Erwachsene seine Bedürfnisse erfüllen und es unterstützen.

Einfühlungsübung

Nach einem langen Waldspaziergang, mit einem kurzen Verlaufen, insgesamt sehr schön, bekommst du richtig Durst und Hunger! Du kommst endlich am Auto an. Du weißt, dort gibt es alles, was du brauchst. Dann sagt jemand: »Wir warten noch auf die anderen. In einer halben Stunde müssten sie da sein.«
Welche Gefühle und Gedanken entstehen in dir?

Jeder Mensch ist vor der Geburt und lange Zeit danach von anderen abhängig. Jeder braucht also nach der Entbindung eine Bindung. Bindung beschreibt meines Erachtens eine besondere Art der Beziehung, eben eine gebundene. Sie bezeichnet die Art von Beziehungen, die zwischen Menschen einer Herkunftsfamilie entstehen und hier vor allem die zwischen Verwandten erster Linie, also zwischen Eltern und Kindern. Erfährt das Kind überwiegend empathische Betreuungspersonen und erlebt sich selbst als beziehungswirksam, entwickelt sich eine positiv erfahrbare sichere Bindung.

Ein liebevoller Elternbrief der Kitaleiterin Marianne macht das deutlich:

Die unsichtbare Schnur
»Von der Bindung nach der Entbindung«

Hallo, Mama! Hallo, Papa!

Jetzt bin ich endlich da. Freut ihr Euch? Es war ziemlich anstrengend, auf die Welt zu kommen, und es ist hier auch ganz anders als im Bauch. Da war es

zwar zum Schluss etwas eng, aber es war schön warm und weich und schummrig. Ich mochte auch das Schaukeln sehr gern und fühlte mich sicher und geborgen.
Vielen Dank, liebe Mama, dass du mich so liebevoll getragen und versorgt hast. Jetzt ist alles anders. Die Schnur ist nicht mehr da, aber daran kann ich mich gewöhnen. Ihr seid ja trotzdem ganz nah bei mir und ich kann mich jetzt besser bewegen. Wenn Ihr mich im Arm habt, ist es auch fast so schön wie im Bauch, und ich spüre, wie lieb ihr mich habt.
Ich lerne jetzt jeden Tag etwas Neues, das ist sehr aufregend. Wenn ihr mich anlacht und ich eure Stimme höre, freue ich mich sehr. Ihr versorgt mich mit allem, was ich brauche und seid da, wenn ich mich unsicher oder allein fühle. Das ist dann beinahe so, als wäre da noch die Schnur, nur unsichtbar.
Ich wachse und wachse und staune, wie schnell die Welt um mich herum größer wird. Es gibt so viele interessante Dinge. Ich bin sehr neugierig und möchte alles untersuchen. Bald kann ich auch schon ganz viel allein machen. Ich trau mich einfach, ihr seid ja da und passt auf mich auf.
Manchmal sind da jetzt auch andere Menschen, die sich mit mir beschäftigen. Wenn ihr sie mögt und sie lieb zu mir sind, gefällt mir das sogar. Ich mag es, wenn auch andere Zeit für mich haben und mit mir spielen.
Ich bin sehr gern auf der Welt. Ich finde jeden Tag spannend. Was ich wohl noch alles erleben werde? Im Bauch möchte ich jetzt nicht mehr sein, aber so ganz entbunden auch nicht. Ich brauche dringend noch etwas zum Festhalten. So ähnlich wie die Schnur im Bauch, aber natürlich unsichtbar!

Nicht jede Bindung ist sicher und förderlich. Und doch ist sie unauflöslich: Keiner kann sich seine Eltern oder Kinder aussuchen, keiner kann sich innerlich völlig unabhängig von ihnen machen. Die Prägungen durch die Verwandten sind tiefgreifend, haben unterschiedliche Qualitäten und Folgen. Das versucht die Bindungstheorie zu erfassen. In ihren verschiedenen Ausprägungen erleichtern oder erschweren Bindungen das Leben, sie sind aber keine lebenslange Verurteilung!

Eine gute Nachricht:

Kinder und Erwachsene sind durch frühe nicht sichere Bindungen keineswegs lebenslang dazu verurteilt, nachteilig zu leben. Menschen sind in der Lage, sich auf andere sichere Beziehungspartner einzulassen.

Die Resilienzforschung belegt dies: Es werden soziale Ressourcen wie »mindestens eine stabile, zugewandte Bezugsperson, ein wertschätzendes Klima, soziale Beziehungen außerhalb der Familie und qualitativ gute Bildungssituationen« beschrieben (Rönnau-Böse/Fröhlich-Gildhoff 2015, S. 11). Ein

Drittel der nicht sicher gebundenen Menschen, die in Multiproblemlagen aufwachsen, können später ganz normale, d. h. unauffällige, Lebenswege gehen. Was zeichnet sie aus? Diese Menschen haben u. a. Beziehungen von anderen Menschen angeboten bekommen, die ihnen so viel Sicherheit gaben, dass sie neue zuverlässige Beziehungsmuster entwickeln und erfolgreich sein konnten. Aufgrund der im Laufe der Zeit gemachten positiven Erfahrungen können sie wichtige Fähigkeiten entwickeln: Das Bewusstsein, selbst etwas zu bewirken, die eigenen Gefühle regulieren zu können und Probleme sozialverträglich zu lösen.

Für manche Kinder ist eine bindungsähnliche Beziehung zu Großeltern, Nachbarn oder auch Erzieher*innen, Tagespflegepersonen und Lehrer*innen von großer Bedeutung. In der pädagogischen Praxis brauchen wir also eine aufmerksame und beziehungsorientierte Haltung.

In den Kitas und besonders in der Betreuung der Jüngsten ist das Thema Bindung natürlich bereits angekommen. Bindungsunsicherheit wird heute schnell bei Kindern vermutet, die sich herausfordernd verhalten. In meinen Fort- und Ausbildungsgruppen und in Supervisionen wird das oft zum Thema gemacht. Eine nicht-sichere Bindung wird häufig bei schwierigen Eingewöhnungen, bei aggressivem und unruhigem Verhalten vermutet, auch werden Eltern entsprechend eingeschätzt.

Hier lohnt es sich, genau hinzuschauen. Es ist nämlich nicht einfach festzustellen, ob es sich um eine Bindungsstörung handelt und welcher Bindungstyp vorliegt. Allerdings wird es dabei auch notwendig zu fragen, ob und wer solche Diagnosen stellen sollte und darf. Erzieherinnen sind sich meist schnell einig: Das ist nicht ihr Feld, dafür sind sie nicht ausgebildet. Das Forscherehepaar Grossman bestätigt diese Einschätzung, denn viele Jahre der Erfahrung und Beschäftigung mit dem Thema seien nötig (Thon, Bindung und Beziehung, 2018).

Vielleicht ist es hier auch gar nicht so wichtig, genaue Diagnosen zu stellen. Sollten sich Pädagoginnen nicht vielmehr der impliziten Botschaft bei schwierigen Verhaltensweisen von Kindern widmen und versuchen herauszufinden, was genau das Kind mit seinem Verhalten anzeigen will? Gerade die kleineren Kinder können noch nicht verbal ausdrücken, was sie stört und welche Art von Beziehung sie brauchen. Sie können allerdings schon in ihren Reaktionen zeigen, was ihnen guttut, damit sie sich sicher fühlen und sich Bildungsprozessen widmen können. Pädagoginnen, die ja die Kinder ihrer Gruppe täglich erleben, können hier gute Beobachtungen anstellen und pädagogische Konsequenzen überlegen, um dem Kind eine individuelle, feinfühlige Beziehung anzubieten. Möglichkeiten hierzu bieten Alltagsituationen, mehr dazu im nächsten Kapitel.

In der Debatte um die Bindungstypen und ihre Bedeutung für die Entwicklung von Kindern wird diskutiert, ob und wie viel sichere Bindung als notwendige Bedingung für die Bildungsprozesse anzusehen ist.

> »Die entwicklungspsychologische Verzahnung von Bindungs- und Explorationsverhalten ist somit empirisch gut bestätigt: Erst auf Basis einer sicheren Bindung und eines entsprechenden inneren Arbeitsmodells wird das Explorationssystem eines Kindes voll aktiviert. In der Folge kann es sein geistiges Potenzial optimal ausnutzen.« (Drieschner 2011, S. 13)

Kinder aus Familien, welche ihnen zu wenig sichere Bindung geben können, verschaffen sich mit außergewöhnlichem Verhalten Gehör oder Schutz. Sie verlangen damit nach der Aufmerksamkeit und Zuwendung von Erwachsenen, die sie ja dringend brauchen. Das in der Kita unerwünschte Verhalten kann also als für das Kind durchaus als »passend« erlebt werden:

Ein Kind kann sich distanzlos verhalten und damit zeigen, dass es gesehen werden will und Nähe braucht. Es ist für dieses Kind schwierig, unabhängig zu sein und seine Aufmerksamkeit ist stark auf die Pädagogin gerichtet. Das kann auf den ersten Blick schmeicheln, auf Dauer auch nerven und anstrengen. Für das Kind wird es somit erschwert, die Welt, andere Kinder und seine Interessen wahrzunehmen.

Andere Kinder wiederum schützen sich mit distanziertem Verhalten vor Enttäuschung. Sie wirken scheinbar sehr selbstständig und zeigen ihre Gefühle lieber nicht. Trennungen scheinen sie nicht zu berühren, sie fallen oft nicht weiter auf, laufen mit. Schaut man genau hin, erkennt man, dass sie sie kaum Beziehungen eingehen und es auch schwer haben, in ein vertieftes Spiel zu kommen.

Wenn Kinder das Verhalten der Erwachsenen nicht einschätzen können, weil es wechselhaft ist, können auch sie selbst in der Folge nur sehr unklares Verhalten an den Tag legen. Da kann erst Nähe gesucht und dann Kontakt auch ärgerlich abgelehnt werden. Diese Kinder scheinen innerlich hin- und hergerissen zu sein. Hier kontinuierlich freundlich und verständnisvoll zu bleiben, stellt eine große Herausforderung dar.

Haben Kinder gar Beschämung und Verletzung erfahren, können sie wie kleine Roboter wirken und haben keine Möglichkeiten, angemessenes

Verhalten in schwierigen Situationen zu entwickeln. Sensibel kleine Kontaktmomente zu ihnen zu suchen, ist hier die pädagogische Anforderung.

Die an dieser Stelle angedeuteten Situationen sind die Herausforderungen im Betreuungsalltag. Sie sind nur in guter Teamarbeit und manchmal leichter oder gar notwendigerweise mit Unterstützung von außen zu bewältigen.

Eher abwertende, aber leider nicht ganz seltene Sätze wie »Der will ja nur Zuwendung, wenn er nervt. Ich kann ja nicht jeden Einzelnen anders behandeln. Ich muss ja für alle gleichmäßig da sein.« sind verständlich, verkennen aber die Lage.

Diese Kinder brauchen Zuwendung, Aufmerksamkeit und Fürsorge in besonderer und individueller Weise. Und: Ein Kind kann sich nicht anders, besser, richtiger und angepasster verhalten, wenn es Konsequenzen wie Ausschluss oder verbale Ablehnung erfährt. Vielmehr braucht es Verständnis, Zuwendung, Vorbilder und Hilfe bei der Orientierung in der Welt. Dazu gehört auch ein angemessenes »Nein«, wenn es sich, andere oder Gegenstände schädigt (mehr dazu in Kapitel 5).

Ein Beispiel

In einer Supervision wurde mir von einem Kind berichtet, das mit drei Jahren noch nicht sprach, keinen Augenkontakt aufnahm und noch weitere Verhaltensbesonderheiten aufwies. Das Gespräch verlief für uns nicht wirklich hilfreich. Ich besuchte daraufhin die Gruppe. Nach einer Weile fragte ich die größeren Kinder, ob sie Lust hätten, mit mir in den Bewegungsraum zu gehen. So gingen wir als Gruppe von sechs Kindern gemeinsam los, das obengenannte Kind war dabei. Als ich alle Kinder gut beschäftigt sah, wandte ich mich dem Kind zu. Am anderen Ende des Raumes bewegte es sich allein und vorsichtig an einem Gerüst, es ging darum herum, krabbelte unten hindurch, ging wieder außen herum, wiederholte Bewegungen und machte auf mich einen konzentrierten Eindruck. Ich blieb, wo ich war, weit entfernt und begann durch den Raum zu sprechen. Ich nannte seinen Namen und sagte: »Ich sehe dich, du gehst außen herum, du krabbelst durch, oh, jetzt steigst du hoch und wieder runter, ich sehe dich …« Viele Wiederholungen der Bewegungen und meiner sie beschreibenden Worte. Dann ein Blick von ihm zu mir, später noch einmal und dann ein Wort von ihm: »Ja, hoch!« Ein Hauch eines Lächelns. Ich sagte: »Ich sehe dich und freue mich mit dir.«

Das Verhalten der Pädagoginnen während des Kontaktes mit dem Kind prägt die Regulierung der Gefühls- und Bedürfnislagen der Kinder mit. Es gibt ihnen im besten Fall so viel Sicherheit, dass sie sich bei Spiel und Bewegung intensiv selbst bilden können. Pädagoginnen stehen vor der großen Herausforderung, die Kinder unterschiedlich, ja gar nach Bedürfnislage zu »handhaben«.

Außerdem ist zu beachten: Nicht jedes Kind, das sich in der Kita auffällig und schwierig zeigt, hat eine Bindungsstörung. Ist die Qualität in der Einrichtung nicht gut, weil Personalmangel herrscht, das Personal zu oft wechselt, Pflege und Versorgung nicht bedürfnisorientiert und zeitnah stattfinden, es an zugewandter sprachlicher Begleitung fehlt oder es zu wenig angemessenes Bildungsmaterial für Spiel und Bewegung gibt, kann ein anderes Phänomen beobachtet werden: Gerade sicher gebundene Kinder können dann mit auffälligem Verhalten wie Unzufriedenheit, Unruhe oder Aggression auf diese Mängel hinweisen.

Es ist auch als problematisch anzusehen, wenn alle Kinder gleichgeschaltet, brav und angepasst wirken. Unerwünschtes Verhalten, Unmutsäußerungen oder Unwohlsein von Kindern können auch die herrschende Pädagogik infrage stellen. Wenn solche Anzeiger nicht ausschließlich als das Problem der Familie oder des Kindes angesehen werden, sondern wenn sich die Pädagoginnen reflexiv fragen, was in der Betreuung das Kind evtl. stresst oder unglücklich bzw. aggressiv macht, kann eine positive Weiterentwicklung der Pädagogik angestoßen werden.

Es ist erschreckend, dass wir inzwischen sogar von Missbrauch in pädagogischen Einrichtungen wissen. Hier ist oft eine Gemengelage von persönlichen Problemen, Überforderung, fehlender Aus- und Fortbildung und sich selbst und andere nicht genügend reflektierender Zusammenarbeit die Ursache. Daraus ergeben sich viele Ansatzpunkte die Qualität in der frühen Betreuung zu verbessern.

Fragen an die Pädagogin

Wo und wie erleben Kinder bei uns sichere Beziehungen?
Wie gehen wir mit pädagogischem Verhalten um, dass uns irritiert?
Was ist zu viel an Angebot, Aktionen, Regularien?
Was macht mir oder den Kindern Stress?
Wie schaffen wir uns Freiräume, in denen wir Kindern Eins-zu-Eins-Kontakte anbieten können?

Was vermittelt Menschen Sicherheit? Wodurch entsteht eine sichere Bindung oder Bindungsbeziehung? Zum einen brauchen wir das Gefühl einen Platz auf der Welt zu haben, da sein zu dürfen und erwünscht zu sein. Zum anderen brauchen wir die Erfahrung geliebt zu werden, so sein zu dürfen, wie wir sind und dabei gesehen und geschätzt zu werden. Beides unabhängig von unserem Verhalten. Menschen brauchen Räume und Beziehungen, die Sicherheit geben und immer so viel Freiheit schenken, dass die eigene Weiterentwicklung von ihnen mitgestaltet werden kann. Das wäre eine gute Grundlage, auf der die ganze praktische Alltags-Beziehungs-Arbeit in der Kita gegründet sein könnte. Wichtig sind dabei folgende Betrachtungen: Wie ist die Umgebung gestaltet? Wie wird die Beziehung gelebt? Wie viel Einfluss kann das Kind darauf haben?

Ein gutes Zusammenspiel von:

- Räumen, die es der Erzieherin leicht machen zu arbeiten und die dem Kind angepasst sind und es interessieren.
- Erwachsenen, die gute Arbeitsbedingungen vorfinden und sich auf einen lebendigen Dialog mit dem Kind einlassen können, weil sie sich selbst sicher und wohl fühlen, in sich ruhen und ihre Leitung, Kolleg*innen und die Eltern als Unterstützung im Rücken spüren.
- Kindern, die erleben, dass es immer wieder kleine Zeiträume (Eins-zu-Eins-Kontakt) nur für sie gibt, die von Beziehungen mit sicheren Bindungsqualitäten und von Kooperation getragen sind.

Um pädagogische Beziehungen liebevoll und aufmerksam zu gestalten, ist ein hohes Reflexionsvermögen notwendig. Die Auseinandersetzung mit der eigenen Biografie ist Grundlage dafür, diese Beziehungen bewusst und im Austausch mit dem Team zu gestalten.

Fragen an die Pädagogin

Welche Bindung habe ich als Kind erlebt?
Welche Personen oder welche Umgebungen geben mir Sicherheit?
Bei welchen Menschen fühle ich mich geborgen und frei?
Wenn ich nicht sicher gebunden bin, habe ich meine eigenen Traumata verarbeitet?

Pädagoginnen antworteten auf die Frage nach ihren eigenen Erfahrungen mit sicheren Bindungen und Beziehungen folgendes:

Mir tut gut, wenn …

- es Zeit für mich selbst gibt.
- ich Freiheit in Beziehungen erlebe.
- ich eigene Erfahrungen machen kann, auch schwierige wie Trauer.
- ich mich selber mag, an mich glaube.
- ich »Nein« sagen kann, mich wehren darf.
- Körpersprache und Worte zusammenpassen.
- ich dankbar bin.
- Klarheit in Bezug auf Wünsche und Anforderungen eines Gegenübers besteht.
- ich Fehler machen darf.
- ich genauso akzeptiert werde, wie ich bin.
- ich Vertrautheit und Ehrlichkeit erlebe.
- ich mich selbst akzeptiere und respektiere.
- ich konstantes Verhalten erfahre.

Die Auswirkungen einer sicheren Bindung auf die späteren Erwachsenen kann man so zusammenfassen:

- Sie besitzen ein gutes Selbstvertrauen und haben eine grundlegende und realistische Bereitschaft anderen zu vertrauen.
- Sie sind emotional verfügbar und können feinfühlig reagieren.
- Nähe bedroht sie nicht, sie verbinden damit Vertrauen und Geborgenheit. Sie wählen Partner*innen und genießen Nähe.
- Sie können »Nein« sagen, ohne deshalb gleich Gefühle der Schuld oder Angst zu verspüren.
- Sie haben wenig Trennungsängste, da sie wissen, dass sie an einer Trennung nicht zugrunde gehen.
- Sie sind nach Trennungen und einer anschließenden Trauerphase optimistisch und finden ihre Balance wieder.
- Sie nehmen Fehler als positive Herausforderung an.

Wenn man die beiden Aufzählungen vergleicht, haben die Pädagoginnen mit ihren Aussagen den Nagel auf den Kopf getroffen!

Hier können wir unmittelbar bindungsorientiertes pädagogisches Verhalten ableiten. Der Umgang mit Trennungen ist ein wichtiger Punkt. Kann das Kind sich auf Erwachsene verlassen und braucht sich nicht verlassen zu fühlen? Ist das Verhalten der Erwachsenen verstehbar, wird dieses dem jungen Kind erklärt? Kann es sich an neue Situationen gewöhnen und darf es Gefühle von Trauer oder Ärger ausleben? Wie viel Zeit bekommt das Kind für die Einstellung auf neue Situationen?

Das führt uns zu der Überlegung, wie ein Wechsel, hier die Trennung vom Elternhaus in die Betreuung einer Tagespflege oder einer Krippe, gut gelingen kann. Dass hier eine am Kind orientierte Eingewöhnung notwendig ist, erscheint völlig logisch – ist aber nicht selbstverständlich.

Das Berliner (Laewen/Andres/Hédervári 2000) und das Münchner (Winner/Erndt-Doll 2009; Beller 2002) Eingewöhnungsmodell stellen eine gute Grundlage verschiedener Formen vor. Wie kann es nun gelingen, sich dem einzelnen Kind und seinen Eltern zuzuwenden und gemeinsam eine individuelle Eingewöhnung zu realisieren?

Ich möchte im Folgenden verschiedene Aspekte einer idealtypischen Eingewöhnung beschreiben und bin mir dabei den oft nicht ausreichenden Rahmenbedingungen bewusst. Dennoch ist in den letzten Jahren schon viel erreicht worden. Die meisten Pädagoginnen wissen um den Nutzen der Eingewöhnung aus hautnahen Erfahrungen. Gemeinsam mit allen Beteiligten (Team, Leitung, Träger, Eltern, Politik) sollten weitere Verbesserungen und eine stete Weiterentwicklung verfolgt werden.

Zuerst ein Gedanke zum Begriff: Eingewöhnung bezeichnet einen Prozess, der es dem Kind ermöglichen soll, sich an die neue Umgebung zu gewöhnen. Das bedeutet, dass dem Kind nicht erklärt werden kann, wie sich sein Tagesablauf nun massiv verändert. Kein junges Kind versteht Erklärungen wie: »Deine Mama holt dich um 15 Uhr wieder ab, bis dahin sorge ich für dich und du kannst schön spielen.« Es hat noch keine Vorstellung von Zeiten, eher orientiert es sich an Bekanntem und Gewohnheiten wie: »Immer nach dem Schlafen kommt Mama.« Oft finden Dialoge zu solchen Themen statt, wie z. B.:
»Mama?«
»Mama kommt, wenn du geschlafen hast.«
»Mama, schlafen?«
»Ja, Mama holt dich ab, wenn du ausgeschlafen hast und wir geknuspert haben, dann kommt sie.«
»Mama kommt.«

Gewohnheiten entstehen durch Wiederholungen, die von Worten begleitet werden. Die wiederholte Erfahrung, die sich möglichst gleich abspielen sollte, gibt dem Kind die Sicherheit, sich anderen Menschen und Umgebungen anzuvertrauen. Das junge Kind erfährt und lernt, dass Menschen, Dinge und Räume permanent da sind, auch wenn es sie nicht sieht. Die Fähigkeit zur Objektpermanenz (Oerter/Montada 2002, S. 174) wird in den ersten zwei Lebensjahren ausgebildet: Junge Kinder haben große Freude an den »Guck-guck- Spielen«. Sie können sich immer wieder von Herzen freuen, wenn das Gesicht hinter dem Vorhang auftaucht oder der Ball doch gerade weg war und nun tatsächlich unter dem Sofa auftaucht. Diese Freude ist echte Überraschung, ist doch das Wissen darüber noch nicht fest verankert.

Einfühlungsübung

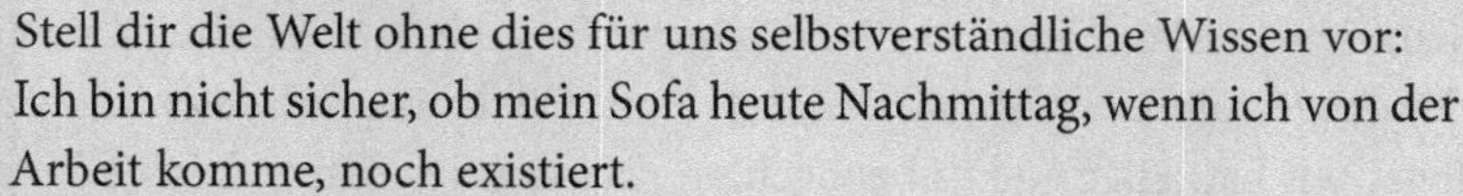

Stell dir die Welt ohne dies für uns selbstverständliche Wissen vor:
Ich bin nicht sicher, ob mein Sofa heute Nachmittag, wenn ich von der Arbeit komme, noch existiert.
Kommt mein Partner wieder?
Wo ist mein Schlüsselbund, wenn ich es nicht sehe?

Auch die Bedeutung von Aussagen wie »Der kommt bald wieder«, »Die ist zur Arbeit«, »Der Schnuller liegt da oben im Regal« sind für Kleinkinder nicht selbstverständlich klar. Da braucht es die wiederholte Erfahrung sowie die sprachliche Begleitung, um zu erfassen, was Begriffe wie »bald«, »Arbeit«, »da oben« meinen.

Selbst Kindergartenkinder wundern sich, wenn sie ihre Erzieherin im Supermarkt treffen. Erzieherinnen gehören nun mal in die Kita und werden von Kindern manchmal gefragt, wo sie denn arbeiten. Sich ein Bild von der Wirklichkeit zu erarbeiten, ist ein jahrelanger Prozess. Man kann sich fragen, was die Wirklichkeit ist und ob es sie gibt und wenn ja, wie viele …

Zurück zu den jungen Kindern: Sie kommen mit ihrer speziellen eigenen Lebenserfahrung in die Kita. Sie haben unterschiedliche Bindungserfahrungen, haben schon Erfahrungen mit Trennungen von den wichtigsten Bezugspersonen gemacht oder auch nicht. Manche haben die Trennung der Eltern oder Umzüge erlebt, manche schon bei Großeltern übernachtet, waren schon in Krabbelgruppen oder haben andere Betreuungswechsel erlebt, andere nicht. Manche sind sehr behütet, andere sehr freilassend behandelt worden. Sie haben Geschwister, sie kennen die Kita, weil sie schon mit Bruder oder Schwester dort waren, oder nicht.

Viele individuelle Lebenswege, die, wenn sie bedacht werden, entsprechend unterschiedliche, eben individuelle Eingewöhnungen erforderlich machen. Für Pädagoginnen ist das oft eine Entlastung, weil sie nicht »verdonnert« sind »so einigermaßen« nach dem Berliner Modell zu arbeiten.

Es geht nicht um die Bewertung der Lebenszusammenhänge der Kinder und ihrer Eltern, sondern um eine Einschätzung und Wertung, um Gespräche, um ein Miteinander, damit gute Bedingungen eine Eingewöhnung gelingen lassen. So kann es für das eine Kind hilfreich sein, morgens die Kindergartengruppe des Geschwisters kurz zu besuchen, weil es diese schon kennt. Oder es zeigt sich als günstiger, dass der Vater oder die Tagespflegeperson eingewöhnt, weil es der Mutter schwer fällt, sich zu lösen. Vielleicht sollte ein ganz anderes Kind wiederum in einer sehr geschützten Situation eingewöhnt werden, weil es noch keine Erfahrung mit vielen anderen Menschen hat. Hier gut zu beobachten und mit den Eltern leichte Wege zu finden, ist eine echte pädagogische Aufgabe. Dazu einige Anregungen:

?

Fragen an die Pädagogin

Habe ich bei einem Hausbesuch oder einem Gespräch etwas über die lieben Gewohnheiten und die Abneigungen des Kindes erfahren?
Kann ich mich in der Eingewöhnung in eine Haltung der aktiven Distanz begeben ohne das Gefühl »ich tue ja nichts«?
Wie sind meine Gedanken? Kann ich mir Zeit geben und das Kind kennenlernen?
Was fühle ich, wenn ich einfach da bin und beobachte?
Schaue ich genau, wie das Kind Kontakt aufnimmt? Zu wem? Wie zu Kindern, wie zu Erwachsenen?
Für was interessiert es sich? Greift es nach etwas?
Ist es am Raum interessiert?
Nimmt es das Gruppengeschehen war? Zeigt es Signale, die darauf hinweisen, dass es etwas essen oder trinken möchte?
Wie reagiert es, wenn ihm Pflege angeboten wird?

Die innere und äußere Haltung der Pädagogin stellt eine wichtige Größe dar. Im Normalfall setzen Pädagoginnen viele Impulse. Sie machen dem Kind Angebote, weisen auf Räume, Spielzeug oder andere Kinder hin. Dies geschieht oft aus einem Gefühl heraus, etwas tun zu müssen. Das Kind reagiert darauf. Ich möchte eine andere Haltung anregen. Sich zurückzunehmen, kein schlechtes Gewissen zu haben, mal scheinbar nichts zu tun.

Anregung
Nimm dir ein Tässchen Kaffee und sei ganz aufmerksam und zugewandt. Beobachte in aktiver Distanz. Und reagiere dann auf das Verhalten des Kindes, diene dem Kind, erkenne und befriedige seine Bedürfnisse.

Keine Sorge, das bedeutet nicht, ihm alles zu erfüllen, keine Konflikte zu haben oder nichts von ihm zu verlangen. Sondern es ermöglicht in eine Beziehung einzusteigen, die dem Kind deutlich macht, dass seine Bedürfnisse ernst genommen werden, dass es Hilfe bekommt, wenn es sie braucht. Und dass es seine kindlichen Interessen zeigen und sich an Prozessen beteiligen kann, indem es aktiv wird und sich wichtig fühlt. Damit wird die Grundlage gelegt, zu kooperieren, zu partizipieren und in ein verantwortungsvolles Handeln zu kommen.

Davon mehr in den Kapiteln zu Pflege, Bildung und Konfliktverhalten.

Wichtige Aspekte sind also die langfristigen Wirkungen einer gelungenen Eingewöhnung. Dazu gehört, seinen Stress regulieren zu lernen: Trennungen machen immer Stress. Wenn Kinder ihre Gefühle zeigen dürfen, werden sie diese eher kennenlernen. Sie müssen ihre Gefühle nicht unterdrücken, sondern können erfahren, dass es unterschiedliche emotionale Äußerungen gibt und dass sich Gefühle verändern. Dazu ist eine gute sprachliche Begleitung wichtig, die alle Gefühle des Kindes anerkennt. Kinder sollten ein Recht haben, ihre Trauer im Weinen auszudrücken. Es ist wichtig, ihnen Trost anzubieten, um Stress zu mildern und ihnen Hilfen zu geben, damit sie lernen, sich selbst zu trösten.

Das ist nicht immer leicht für die Pädagogin, die dann auf Ablenkungsmanöver wie »Schau mal, da ist ein Spielzeug …« verzichtet. Sich einzulassen, Trauer zuzulassen und Trost zu spenden wann und wie es das Kind braucht, ist die Alternative. Dies mit Fragen, wie z. B. »Möchtest du auf meinen Arm?«, deutlich zu machen, gibt dem Kind Entscheidungsfreiheit. Oder seine Gefühle zu benennen und auszusprechen, z. B. »Du bist traurig und weinst, weil Papa weggegangen ist.« vermittelt dem Kind Respekt. Oft hat die Pädagogin hierbei kleine Helfer. Sie kann die treuen Begleiter einsetzen, die Übergangsobjekte genannt werden.

Diese Objekte sind für Kinder Hilfen, die vorübergehende Trennung von den Eltern zu überwinden. Sie sind nicht durch einen ähnlichen Gegenstand zu ersetzen. Durch eine Wäsche verlieren sie den Geruch von Zuhause, das wollen die Kinder nicht. Der Gegenstand scheint belebt zu sein und wird überall mit hingeschleppt, manchmal vergessen, wenn das Kind sich sicher fühlt und konzentriert etwas tut. Gut, wenn es einen Eigentumsplatz wie ein Fach gibt, dort können Trostobjekte wie Schnuller, Tücher, Kuscheltiere oder andere Gegenstände geparkt werden. Sie sollten jederzeit für das Kind zugänglich sein, lernt es doch so, sich selber zu trösten. Das Kind weiß genau, wann es das Übergangsobjekt braucht. »Dieser Gegenstand kann ihm lebenswichtig werden und kann seinen Wert als Zwischenobjekt zwischen Selbst und Außenwelt haben. Im typischen Fall können wir sehen, wie ein Kind einschläft, ein solches Objekt fest in der Hand …« (Winnicott 1992, S. 24) Wichtiger als mit ihm zu spielen, ist es für das Kind also, mit seinem Übergangsobjekt zu kuscheln, es festzuhalten, es auch mal in die Ecke zu schmeißen und es so zum Trost oder für den Ausdruck von Gefühlen zu gebrauchen. Die vielen kleinen Übergänge im Alltag sind zu beachten. Übergangsobjekte sind nicht nur die weichen Tücher oder Kuscheltiere. Darf das Kind z. B. das Auto, mit dem es gerade spielt, mit in die Garderobe nehmen, wenn es ihm in diesem Moment hilft, die innere Sicherheit zu wahren?

?

Fragen an die Pädagogin

Wie ist es bei dir, wenn du verreist, eine Prüfung vor dir hast oder etwas ganz Neues und Aufregendes passiert?
Gibt es Talismane, Glücksbringer, Segenssprüche oder Dinge, die dir Sicherheit und Vertrauen geben, die neue Situation zu bewältigen?
Haben die Kinder in deiner Betreuung jederzeit Zugang zu ihren Trostobjekten?

Ein weiterer Aspekt der Eingewöhnung sind die Auswirkungen auf die Gesundheit: »Unser Kind ist ständig krank!«, klagen Eltern. Nicht nur Kinder, auch Pädagoginnen werden zu Beginn des Kindergartenjahres oft krank. Einerseits werden junge Kinder eher krank, weil sich ihr Immunsystem im Aufbau befindet und trainiert werden muss. Andererseits sind nicht immer alle Kinder ganz und gar gesund, wenn sie in die Betreuung kommen. So beginnt mancher Ansteckungskreislauf. Allerdings werden Kinder auch häufiger krank, wenn die Eingewöhnung nicht ausreichend berücksichtigt wird. Das heißt, dass eine Eingewöhnung, die genügend Zeit vorsieht, zur Gesundheit aller beiträgt.

Bei nicht sorgfältig eingewöhnten Kindern sind nach einigen Monaten oft Veränderungen zu bemerken. Kinder, die zu kurz eingewöhnt wurden und zu frühe Trennungserfahrungen machen mussten, können sich schlechter anpassen, finden nicht gut ins Spiel und zeigen mehr Ängste. »Darüber hinaus w[eisen] die Kinder in diesen Fällen häufiger Irritationen in ihrer Bindungsbeziehung zur Mutter und einen geringeren Entwicklungsstand auf« (Laewen 1989, S. 34). Erneute Trennungsprobleme und schwieriges Verhalten werden beobachtet.

Die genannten Punkte werden oft nicht mit der Eingewöhnungszeit in Zusammenhang gebracht, weil sie ja erst ein paar Monate später auftreten. In Supervisionen höre ich oft von Kindern, die den Pädagoginnen Sorgen bereiten. Oft wird auf Nachfrage deutlich, dass das aggressive Kind auch ängstlich ist und schon die Eingewöhnung schwierig war. Sich gut anpassen zu können, weniger Ängste zu haben und sich sicher zu fühlen, sind also die sehr positiven Folgen einer gelungenen Eingewöhnung.

Damit Kinder der neuen Lebenssituation vertrauen und sie mitgestalten können, brauchen sie die Sicherheit der Erwachsenen. Kleinkinder sollten auch erleben – d. h. sehen, fühlen, hören –, dass sich die Eingewöhnungsperson und die Pädagogin gut verstehen. Die Erwachsenen müssen sich nicht »liebhaben«. Sie sollten aber wissen, wie gut es dem Kind tut, wenn es sich auf sie verlassen und Vertrauen finden kann. Gestalten kann man das in kleinen alltäglichen Begegnungen, z. B. bei der Begrüßung: Es ist gut, wenn die Pädagogin erst die Person begrüßt, die das Kind bringt und dann mit ihr etwas spricht. Das Kind kann so, ohne selbst in die Interaktion verwickelt zu sein, beobachten, wie die beiden kommunizieren. Es erlebt, dass die beiden sich verstehen und kann darüber auch Vertrauen in die Pädagogin finden.

Probieren Sie es aus, dann können Sie beobachten, wie das Kleinkind Sie und die vertraute Person beobachtet, seine Augen wandern hin und her. Die »Übergabe« des Kindes sollte nie von der Pädagogin ausgehen. So hat das Kind das Erlebnis: Mama oder ein anderer Vertrauter übergibt mich an diese Person, sie ist vertrauensvoll. Es sollte nicht die Erfahrung machen: Da nimmt mich eine noch fremde Person von Mama weg. Nie sollte sich die Eingewöhnungsperson davonschleichen. Es verunsichert Kinder und sie finden dann den ganzen Tag nicht richtig ins Spiel. Eine abschiedsbetonte erste Trennung kann mit einem kleinen Ritual wie Winken, Küsschen, Blicken und Worten begleitet werden, wie: »Du, ich gehe jetzt, komme aber ganz bald wieder. Und du bleibst hier bei … Viel Spaß und bis später. Ich hole dich dann nach dem Knuspern wieder ab.« Im Laufe der Eingewöhnung wird die Initiative dann immer mehr vom Kind ausgehen. Die neue Beziehung zur Pädagogin wird von allen Beteiligten im Dialog gestaltet.

Hier noch ein kleiner Hinweis zum Abschied am Morgen. In vielen Einrichtungen ist es Mode geworden, dass die Kinder die Eltern »rausschmeißen«, sie aus der Einrichtung rausschubsen. Wie feinfühlig ist denn das? Stellen wir da nicht eine Ordnung auf den Kopf und vertuschen Abschiedsgefühle? Wollen wir, dass das Kind über seine Traurigkeit und den Moment der Umorientierung hinweggeht? Machen wir uns mit so einem Verhalten nicht vielmehr lustig über die Gefühle des Kindes? Ich habe diese Situation in Kitas beobachtet und gerade die jüngsten Kinder gesehen, die nach diesem Ritual hinter ihren Eltern herrannten und sich mit Umarmung und Küsschen verabschiedeten und oft weinten.

Auch für die Eltern ist dieser Prozess des Loslassens oft sehr schmerzhaft. Sie müssen erst realisieren, dass sie die wichtigsten Bezugspersonen im Leben ihres Kindes bleiben werden. Und sie müssen relativ unbekannten Personen, den Pädagoginnen, »ihr Liebstes« anvertrauen. Vielleicht wollen auch sie über ihre eigenen Gefühle durch solche Rituale hinweggehen. Die Gefühle der Eltern sind also genauso wichtig und können angesprochen werden.

Auch dem Abholen sollte Aufmerksamkeit geschenkt werden. Das Kind kann gut etwas Zeit gebrauchen, um zu realisieren, dass jetzt wieder ein Wechsel der Welten ansteht. Vielleicht könnten Eltern das von der Einrichtung signalisiert bekommen. Die Krippe Tornquiststraße in Hamburg macht das mit der Gestaltung des Eingangsraums sehr elegant:

Einfühlungsübung

Stell dir vor, du betrittst einen Raum, es ist der Eingangsraum der Kita, in der du dein Kind abholen willst. Leise klassische Musik ist zu hören, angenehmes Licht brennt, ein Aquarium lädt ein, einen Moment lang dem ruhigen Hin und Her der Fische zuzuschauen, in der Mitte steht ein Tisch, kleine Stühle außen rum, Malzeug liegt darauf, da kritzeln Kinder ein bisschen, ein Vater steht dort mit seinem Kind auf dem Arm, sie sprechen leise …

Was bewirkt diese Raumgestaltung?

Wie holst du nun dein Kind ab?

Die ersten Trennungserfahrungen im Leben sind prägend. Sie lösen Ängste und Trauer aus. Je nach Erfahrung bilden sich Muster, wie mit Trennungen und Neuanfängen umgegangen wird. Wenn man die Trennungserfahrungen eines Lebens betrachtet, kann der Eindruck entstehen, dass das Leben aus Trennungen besteht: Am Morgen muss man sich vom Bett trennen, geht immer wieder von Zuhause weg, trennt sich dabei vielleicht von geliebten Personen usw. In der Welt warten unterschiedlichste Trennungen und somit Neuanfänge auf jeden. Einschulung, Umzüge, Wahl und Abschied von Freunden, Partnern, manchmal Trennung der Eltern, Ausbildung und Arbeitsfelder, Reisen und Besuche. Dazu kommen Trennung und Wiedererlangung von Gesundheit bei Krankheit, Trennung und Zuwachs von Kräften und Fähigkeiten. Wir verlieren liebe Menschen und ganz zum Schluss müssen wir uns sogar vom eigenen Leben verabschieden.

In diesem Zusammenhang betrachtet kommt der sorgfältigen Gestaltung und Begleitung von Trennungen und Neuanfängen eine hohe Bedeutung für das ganze Leben zu. Zeit, Sorgfalt und Offenheit für die Äußerungen der Kinder sollten also Vorrang haben. Wenn erste Neuanfänge sensibel begleitet werden, kann das Kind diese Erfahrungen auf spätere Situationen übertragen. Es ist seelisch widerstandsfähiger.

Das Leben in der Tagesbetreuung oder in einer Krippe hat von Anfang an viele Übergänge, Abschiede und Neuanfänge zu bieten. Dennis Meiners, Krippenerzieher und -berater, hat diese Übergänge während seiner Beraterausbildung zusammengetragen:

- Morgendliches Ankommen in der Einrichtung
- Ablösung von den Eltern und Abschied
- Zum Frühstück
- Zum Händewaschen
- Ankommen anderer Kinder und Eltern
- Raum- und Umgebungswechsel
- Zum Wickeln und Umziehen
- Auf die Toilette gehen
- Erzieher*in geht auf Toilette
- Leitung oder andere Erzieher*innen kommen in die Gruppe
- Anziehen und Ausziehen
- In die Garderobe
- Rausgehen und Reinkommen
- Mittagessen
- Zum Schlafen
- Einschlafen
- Aufwachen
- Schichtwechsel/Erzieher*innenwechsel
- Stimmungswechsel

- Auf Bedürfnisbefriedigung warten müssen
- Unterbrochen werden
- Wechsel der Spielaktivität
- Aufräumen
- Wechsel der Spielpartner*innen
- Wechsel von Befindlichkeiten wie fit und müde, satt und hungrig, gesund und krank, wild und ruhig, laut und leise
- Abgeholt werden/Abschied von Erzieher*in
- Wechsel in die Familie

Wenn diese vielen Mikrotransitionen schon den jüngsten Kindern benannt und sie feinfühlig begleitet werden, werden die Kinder auf die kleinen und großen Übergänge im Leben gut vorbereitet. Mit dem Bewusstsein, eine wichtige Begleiterin zu sein und mit dem Wissen um die Bedeutung dieser Aufgabe, kann die Pädagogin eine ruhige und aufmerksame Haltung finden.

3 Heute schon gelacht?
Beziehungsvolle Pflege und Versorgung aufmerksam realisieren

Die Eingewöhnung gilt als erfolgreich, wenn das Kind sich von der Pädagogin trösten lässt, wenn es Kontakt zu anderen Kindern aufnimmt, wenn es spielt, wenn es am Tagesablauf teilnimmt. Als abgeschlossen wird die Eingewöhnung betrachtet, wenn das Kind isst, trinkt und vor allem, wenn es schlafen kann. Diese Bereiche der Versorgung und Pflege sind gute Anzeiger dafür, dass das Kind sich anvertrauen kann.

Dazu gehört auf der einen Seite das Angebot der betreuenden Erwachsenen und auf der anderen das Kind, das dieses Angebot annimmt, sich darauf einlässt und es aktiv mitgestaltet. Von der hohen Bedeutung der Pflege und der Versorgung in der Fremdbetreuung soll dieses Kapitel handeln.

Pflege und Versorgung von Menschen sind ein ausgesprochen bedeutsames Arbeitsfeld, auch wenn die Gesellschaft es nicht angemessen honoriert. Wenn man sich einmal nach den eigenen Erlebnissen von Pflege und Versorgung im Leben befragt, stößt man auf interessante, wichtige und manchmal prägende Erfahrungen.

Einfühlungsübung

Warst du schon einmal im Krankenhaus? Hast du dort erlebt, gewaschen zu werden?
Wie wurden Verbände gewechselt, Fäden gezogen?
Hast du Hilfe beim Toilettengang bekommen oder warst »auf der Pfanne«?
Wenn nicht, stell dir vor, wie es wäre, wenn diese Pflegehandlungen an dir vorgenommen werden würden.
Wie fühlt es sich an, berührt zu werden, auch intime Pflegehandlungen zuzulassen?
Was war bzw. wäre dir dabei wichtig?

Pflege kann liebevolle Fürsorge vermitteln oder sie kann sich »so lala« anfühlen, aber dennoch sachlich korrekt durchgeführt sein. Sie kann aber auch eine beschämende und verletzende Wirkung haben. Oft höre ich von unangenehmen Pflegesituationen, die Gefühle von Ohnmacht auslösen. Die zu pflegende Person ist immer abhängig von den pflegenden, ärztlichen und therapeutischen Kräften und traut sich oft nicht Wünsche oder gar Kritik anzubringen.

Gute Pflege unterstützt Heilung und erleichtert den Umgang mit Gebrechen. Sie kann wohltun, wenn sie mit aufmerksamen Blicken und freundlichen Worten begleitet wird. Sie ist dann nicht nur körperlich, sondern vermittelt dem*der zu Pflegenden das Gefühl, als ganzer Mensch respektiert und angenommen zu sein. Außerdem spürt man, ob eine Krankenschwester oder ein Pfleger ihren Beruf als Berufung mit Herz, Hand und Fachkompetenz ausüben. Es ist zu spüren, ob eine dieser Komponenten fehlt. Die Worte, die Blicke, die Zeit, die Berührungen, die in einer Pflegesituation der zu pflegenden Person »geschenkt« werden, machen ihre Qualität aus. Die Qualität von Pflege ist von der Beziehung der beteiligten Personen zueinander abhängig.

»Was gehört zum Bereich Pflege und Versorgung in der Arbeit mit den jungen Kindern?« Diese Frage stelle ich seit 2004 den Teilnehmer*innen meiner Langzeitfortbildung. Folgende Bereiche werden benannt:

Wickeln, Toilettengang, Hände waschen, Nase putzen, kämmen, eincremen, umziehen, anziehen, ausziehen, trösten, tragen, beruhigende Berührungen, Begleitung und Vorbereitung von Essen und Trinken sowie von Schlaf- und Ruhephasen, Versorgung von kleinen Verletzungen und von kranken Kindern.

Auf die Frage nach der Einschätzung des Umfangs dieses Arbeitsbereiches, also wie viel Prozent der Arbeitsleistung dieser Bereich umfasst, ist das Ergebnis erstaunlich eindeutig: Es sind 80 %! Es gibt vereinzelt kleine Abweichungen nach oben und unten, zwischen 75 % und 95 %. Bei Nachfrage wird deutlich, dass dies etwas mit der Alterszusammensetzung der zu betreuenden Kinder zu tun hat. Das bedeutet, dass die Fachkraft in der Kleinstkindpädagogik auch einen Pflegeberuf ausübt. Dieser größte Arbeitsbereich soll deshalb hier ins Licht gerückt und angemessen gewürdigt werden.

Bevor ich auf verschiedene Pflegesituationen wie Wickeln, Anziehen, Essen und Schlafen im pädagogischen Alltag eingehe, sei darauf hingewiesen, dass ebendieser Arbeitsbereich der Pflege und Versorgung von

Kleinstkindern nachweislich verbesserungswürdig ist. Das belegt die großangelegte NUBBEK-Studie. Gut bis sehr gut schnitten in der Tagespflege gerade einmal 1,9 % und in der Krippe 1,7 % ab. Unzureichende Qualität findet sich in der Tagespflege mit 73,3 % und mit 78,4 % in der Krippe. Die restlichen Prozentpunkte gehen an die mittlere Qualität mit 24,8 % und 19,0 %.

Im Teilbereich Betreuung und Pflege ist das schlechte Abschneiden

> »teilweise durch begrenzte Ressourcen und der damit einhergehenden Überforderung der Fachkräfte zu erklären, dennoch bieten sich vielfältige Verbesserungsmöglichkeiten durch eine ressourcenorientierte, an den Bedürfnissen von Kindern und Fachkräften angepasste Alltagsgestaltung in Kindertageseinrichtungen.« Und später heißt es im selben Bericht: »Ein wichtiger Ansatz für die Verbesserung der Qualität in der außerfamiliären Betreuung von kleinen Kindern ist dementsprechend darin zu sehen, Betreuungs- und Pflegesituationen wie die Begrüßung der Kinder, die Mahlzeiten sowie die Wickel- und Schlafsituationen als wichtige Beziehungssituationen im Alltag zu verstehen und zu nutzen.« (Beckh/Mayer/Berkic/Becker-Stoll 2013, S. 44 ff.)

Eine Pflegesituation, die bindungsähnliche Beziehungsqualitäten hat, gibt dem Kind emotionale Sicherheit und befriedigt seine Bedürfnisse. Die Momente der Pflege sind oft die einzigen, die sich ein Kind und eine Erzieherin allein nehmen können. Es sind die Situationen, in denen die Pädagogin beide Hände braucht, um dem Kind die notwendigen Hilfeleistungen zu geben. Mehr als zwei Hände hat sie nicht! Sie kann sich also nur einem Kind wirklich widmen. Dadurch entstehen die sogenannten Eins-zu-Eins-Kontakte, die das junge Kind mehrmals am Tag braucht, um zu innerer Ausgeglichenheit zu kommen. Nur wenn die Befriedigung der Grundbedürfnisse zeitnah erfolgt, kann sich das Kleinkind dem Spielen und Lernen widmen. Kein Mensch kann sich der Welt zuwenden, lernen und arbeiten oder sich konzentrieren, wenn er Hunger oder Durst hat oder zu müde ist. »Essen und Trinken hält Leib und Seele zusammen« und »Das Glück des Schlafs speist den wachen Geist«, sagen die Sprichwörter.

Einfühlungsübung

Stell dir vor, du bist im Urlaub in einer interessanten Stadt. Es gibt viel anzuschauen. Du hast eine Reise hinter dir und bist müde, hungrig, durstig, würdest gerne duschen …

Nun sagt der Reiseführer eine Kirchenbesichtigung an.
Wie fühlst du dich?
Kannst du die Informationen aufnehmen, sie verarbeiten, dich an dem Raum erfreuen?

An dieser Stelle möchte ich mich posthum bei Emmi Pikler bedanken und ihre Nachfolgerinnen würdigen. Die folgenden Abschnitte sind von ihren genialen Ideen und deren konsequenter Umsetzung inspiriert. Wenn Erwachsene, die für viele Kinder zuständig sind, die Zeit der Pflege intensiv nutzen und liebevoll gestalten, wird das Kind zufrieden sein. Dann kann es gut auch Zeiten des Alleinseins, des mit anderen Kindern Seins, des Lernens, Forschens und Bewegens aushalten. Nicht nur aushalten, sondern es hat ein Bedürfnis danach. Kein Mensch, sei er auch noch so klein, will stundenlang am Stück gepflegt und versorgt werden. Jeder, der sich sauber, satt und gesund fühlt, wird den inneren Impuls verspüren, sich der Welt zuzuwenden. Er wird dann seinen Interessen nachgehen und z. B. eine Kirche besichtigen …

Für die Fremdbetreuung von Kindern stellt sich damit die Frage nach der Umsetzung einer solchen qualitätsvollen Pflege und Versorgung. Es braucht den dialogischen Blick: Die Pädagogin muss die oft nonverbalen Äußerungen des Kindes wahrnehmen und darauf reagieren. Mit dem Konzept der Feinfühligkeit kommen wir einer guten Pflegequalität sehr nahe. Die Befindlichkeit des Kindes sollte wahrgenommen werden. Dann muss eine Interpretation aus der Sicht des Kindes erfolgen. Die Pädagogin muss ihre eigenen Bedürfnisse zurückstellen können. Eine zeitnahe Reaktion auf die Äußerungen des Kindes sollte erfolgen, nur so kann das Kind einen Zusammenhang herstellen. Das Kind erlebt, dass auf sein Verhalten reagiert wird und es sich lohnt, wenn es sich äußert. Es macht eine Erfahrung der Selbstwirksamkeit. Wenn die Reaktion auf sein Verhalten angemessen ist, bekommt ein Kind genau das, was es zu seiner Entwicklung braucht, nicht zu wenig und nicht zu viel. Es ist zufrieden.

Das hört sich vielleicht ein wenig mechanisch an, etwas nach Reiz-Reaktions-Modell. Um zu erfassen, wie bedeutsam solche Momente für einen Säugling oder ein Kleinkind sind, lohnt es sich, die Bedeutung dieses Miteinanders zu beleuchten. Ich möchte Polly Elam (Elam zit. n. Kneidinger o. J.) zitieren, die in einem Gedicht die Bedeutung dieser Momente erfasst: Wie erkenne ich, wer ich bin?

Ich erfahre von dir, wer ich bin.
In deinen Augen sehe ich mich
widergespiegelt.
Aus deiner Stimme höre ich,
wie du mich siehst.
Du bist der Spiegel, in den ich blicke
und der das Bild meiner selbst formt.
Ich spüre, wie du mich hältst,
und durch deine Berührungen
fühle ich meine Gestalt, meine Form.

Und wenn mir gefällt, was ich sehe
in deinen Augen
in deiner Stimme
in deiner Berührung, antwortet mein Herz und öffnet sich.
Und während es sich immer weiter öffnet,
wächst es und wächst es,
bis ich mich als eigenständig erkenne.
Dieses eigenständige Ich – wiederum –
kann die Liebe erwidern.
Weil du mich gelehrt hast,
wer ich bin,
und dass ich geliebt werde.

Martin Buber fasst die Bedeutung des hier angesprochenen Prozesses in sieben Wörtern zusammen: »Der Mensch wird am Du zum Ich« (Buber 2008, S. 3 f.).

Emmi Piklers Tochter Anna Tardos schließlich schreibt über die nonverbale Kommunikation: »Durch die Art der Berührung bekommt der Säugling wichtige Botschaften über Nähe, Liebe und Achtsamkeit, die mit Worten nur schwer übermittelt werden können« (Pikler/Tardos 1994, S. 91).

Diesen Aussagen liegt ein bestimmtes Menschenbild zugrunde, das von einem Respekt zeugt, der unabhängig von Alter, von Wissen und Fähigkeiten ist. Hier wird die Entwicklung eines Kindes in seinem individuell eigenen Rhythmus gesehen. Der Säugling wird von Anfang an als kompetente, eigene Persönlichkeit wahrgenommen. Der Säugling ist eine Person. Man geht zudem vom Kind als verständigen und empfindsamen Wesen aus. Ein Kleinkind braucht den Erwachsenen, der es versorgt und ihm

Entwicklungsräume und eine vorbereitete Umgebung zur Verfügung stellt. Nur so kann es sich selbst bilden. Das Kind ist aber aktiv und bringt alles mit, was es auf der Welt braucht. Die Erwachsenen nehmen dabei eine begleitende und unterstützende Haltung ein.

Die vielfältigen Pflege- und Versorgungssituationen stellen an die Pädagogin ganz bestimmte Anforderungen. Zuerst sei das Verhältnis von Nähe und Distanz betrachtet.

Einfühlungsübung

Stell dich einem Menschen gegenüber, gern jemandem, dem du nicht völlig vertraut bist, einer Kolleg*in vielleicht. Nun geh langsam auf sie zu und achtet beide darauf, wann Zeichen zu erkennen sind, die eine Grenze anzeigen.
Man kann wechseln. Beide können aufeinander zugehen. Oder es mit verschiedenen Personen ausprobieren.
Danach tauscht euch darüber aus.

Mit der oben beschriebenen Übung ist es möglich, sehr genau zu erforschen, woran man die eigene Grenze erkennen kann oder die Grenze bei anderen beginnt. Ist es ein Augenzucken, ziehen sich der Körper oder Teile des Körpers leicht zurück? Oder gibt es einen sichtbaren Schrecken, eine Hand, die sich hebt, ein »Nein«, ein verändertes Atmen? Hier ist genaue Wahrnehmung und Beobachtung nötig, denn oft sind es kleine Zeichen, die eine Grenzüberschreitung anzeigen.

Wir können dann die Perspektive wechseln und schauen, was unser Verhalten bei dem*der Übungspartner*in auslöst. Manchmal ist es ein Fuß, der zu einem Schritt ansetzt, eine Hand, die zu nahekommt oder eine Bewegung, die zu schnell ist. Hier kann man seine Wirkung auf andere bewusst erkennen.

Noch einen anderen Effekt kann diese Übung haben: Wir können schauen, wann und warum wir Nähe zulassen können, wie wir eine Annäherung gernhaben und uns in einer Begegnung wohl und sicher fühlen.

Wir alle erleben zu verschiedenen Personen unterschiedliche Abstände als angemessen. Sie variieren auch in der Beziehung zu ein und derselben Person. Sie sind von unserer Stimmung, unseren Bedürfnissen und unseren Anliegen abhängig. Auch unser Temperament, unsere Lebenserfahrung und unsere Kultur spielen eine Rolle. Den Kolleg*innen begegne ich in anderen

Abständen als den Liebsten oder dem*der Zahn*ärztin. Wir haben unterschiedliche Möglichkeiten, Grenzen zu bemerken und auszudrücken. Werden sie gesehen und respektiert? Oder sollten wir uns nicht so anstellen, wenn der Onkel ein Küsschen geben will?

Offenbar endet eine Person nicht an ihrer Körpergrenze, sondern es gibt einen Raum um sie herum, der zu ihr gehört. In diesen unsichtbaren Raum einzutreten, ist der Beginn einer intimen Beziehung. Es ist Vertrauen nötig, weil bei körperlicher Nähe nicht mehr die ganze Person im Auge zu behalten ist. Auch ist Kontrolle nicht mehr so gut möglich, wenn ich die Aktionen einer Person nicht kommen sehen kann. Also: Sicherheit spüren, Vertrauen zulassen und Hingabe wagen sind gute Voraussetzungen, um sich entspannt auf eine nahe Begegnung einzulassen.

Genau darum geht es auch in Situationen der Pflege, in denen Menschen von anderen Menschen mit Händen berührt werden. In der Arbeit mit jungen Kindern ist das Abhängigkeitsverhältnis sehr groß. Der*Die Erwachsene hat die Verantwortung, die Situation so zu gestalten, dass das Kind sich entspannt auf die Pflege einlassen und dabei mitwirken kann.

Die klare Haltung und eindeutige Verhaltensweisen vermitteln dem Kind, dass es ernst genommen und als Person in einer respektvollen Begegnung gesehen wird. Sich selbst in einer Pflegesituation und das eigene Vorgehen zu beobachten, ist daher interessant.

Fragen an die Pädagogin

Kündige ich mein Tun an?
Wie bekomme ich die Erlaubnis, ein Kind zu berühren?
Warte ich die »Antwort« des Kindes ab? Auch seine Blicke und Gesten sprechen!
Bemerke ich Impulse des Kindes zur Selbständigkeit und Bewegung?
Erkenne ich, wann das Kind Hilfe braucht?
Lasse ich mir Zeit, ohne meine Aufgabe aus den Augen zu verlieren?
Bin ich im aufmerksamen Kontakt und nicht abgelenkt?
Habe ich Freude an Pflegearbeiten, am Zusammensein mit dem Kind?

Die Erzieherin Bianca schrieb dazu:

Höre ich zu? Warte ich die Antwort ab?
Als Neueinsteiger ohne Krippenerfahrung habe ich ziemlich oft vorschnell eingegriffen, z. B. bei laufenden Nasen, Unterstützung beim Essen oder auch ins Spiel der Kinder. Mittlerweile nehme ich mir die Zeit, die Kinder zu fragen, ob

sie überhaupt Hilfe benötigen. Oder hole auch nicht einfach ein Taschentuch, um die Nase zu putzen. Ich frage und warte auf die Antwort. Oftmals ergeben sich daraus die schönsten Kommunikationen. Die Kinder genießen die Zeit mit einem allein. Gerade in der Situation entstehen kleine Gespräche. Es ist schön zu spüren, dass die Kleinen einem so viel zurückgeben.

Ich möchte besonders auf die Ausgangsfragen hinweisen. Die Antwort abzuwarten ist sehr schwer. Ausbildungsgänge und der Alltag in der Kita sind noch stark geprägt von der Vorstellung, dass die Pädagogin »Angebote« machen muss. Bei der Planung wird sich viel an Jahreszeiten, Festen oder an den Vorstellungen von Leitung und Eltern orientiert. Daraus resultiert oft eine Selbstüberforderung der pädagogischen Kräfte.

Der große Arbeitsbereich der Pflege und Versorgung (80 %) wird zeitlich unterschätzt. Dieser jedoch kann als Bildungs- und Beziehungsangebot nicht ernst genug genommen werden. Tagespflege und Krippe sind also keine »Kita in klein«, sondern haben eigene Aufgaben und Herausforderungen.

Gerade die Pflege und Versorgung der Kinder ist reich an Möglichkeiten, in denen sich Bildungsarbeit und Beziehungsbildung ergänzen. So sind sanfte, ruhige Bewegungen nicht nur beim Trösten und Streicheln wichtig, sondern auch in der Pflege. So kann der körperliche Kontakt beim Wickeln oder Anziehen Wohlbefinden auslösen und das Kind mit Freude aktiv werden, sich frei bewegen lassen. Sind Pflegehandlungen unaufmerksam und mechanisch, erlebt sie das Kind insgesamt als diffuses Unwohlsein und bezieht dies auf sich als Person. In diesem Zusammenhang sollten auch unbedingt die begleitenden Worte unter die Lupe genommen werden. Was ist eine wertschätzende Sprache? »Du Stinker, da müssen wir mal ran.« Oder: »Na Süße, ist was danebengegangen?« Solche Sätze sind oft nicht böse, sondern gar lustig gemeint. Aber: Frage dich einmal selbst, ob du so angesprochen werden willst.

Alltagsbegleitende Sprache ist ja in aller Munde. Mit einem jungen Kind im Dialog zu sein bedeutet, es freundlich anzusprechen, ihm mit Blicken, Gesten und Handlungen zugeneigt zu sein. Und, »dass die sich über ihn beugende Person mit ihren Augen, Worten und Händen auf Antwort – auf seinen Blick oder sein Lächeln wartet und auf seine Laute lauscht« (Vincze 1994, S. 55). Dann kann schon ein Säugling antworten, indem er sich entspannt. Er kann sich gemeint fühlen, sich als gesehen und ernst genommen erleben und so sein Ich und seine Selbstwirksamkeit entwickeln.

Einige Aspekte dieser beziehungsvollen Pflege und der in ihr stattfindenden Bildungsprozesse sollen mit dem Erzieher Dennis und dem Kind Emil anhand einer alltäglichen Wickelsituation verdeutlicht werden.

Zusammenspiel von wartenden und aktiven Händen

Emmi Pikler weist immer wieder auf sprechende Gebärden hin. Hände, die bitten, rufen, etwas anbieten, geben und nehmen oder Hände, die aktiv sind oder warten. Die Hände von Dennis und Emil wechseln zwischen Tun und Ruhen. Es ist wie ein Tanz der Hände und der Bewegungen, wie eine Choreografie. Sie entsteht, wenn beide sehr konzentriert bei der Sache sind. Die Beziehung entsteht im Raum zwischen zwei Menschen, die bereit sind in Resonanz zueinander zu gehen.

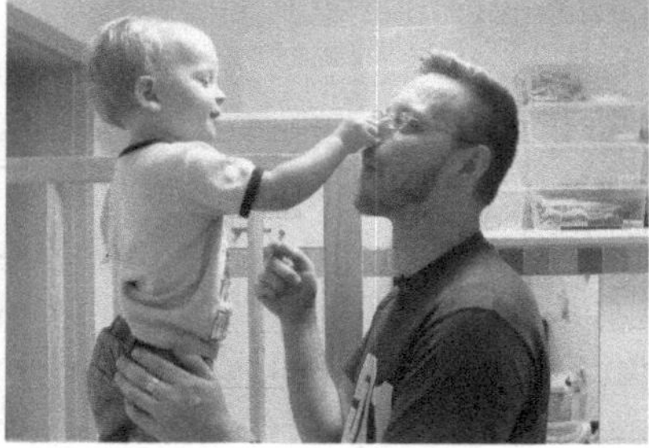

Heute schon gelacht?

Wann lernt der Mensch Humor? Meine Nase, deine Nase, da ist der Fuß, eben war er noch verschwunden … Es gibt viele Anlässe sich zu amüsieren und zu lachen. Junge Kinder finden es sehr lustig, wenn sie »Entenfüße« haben oder die Mütze falschherum aufsetzen: Der Alltag bietet viel Komisches und Lustiges. Nur Ironie ist im Umgang mit jungen Kindern verboten. Sie sind zu stark irritiert, wenn sich Inhalt und Ausdruck des Gesagten nicht entsprechen. Wenn z. B. ein Kind etwas verschüttet und jemand sagt dazu: »Na, das hast du ja toll gemacht!«, wird das Kind die emotionale Diskrepanz bemerken, sie aber nicht verstehen. Teilen wir die Freude des Kindes an dem, was es versteht. So beginnt eine Entwicklung, die später auch Witze, Ironie, Satire und feinen Humor beinhaltet.

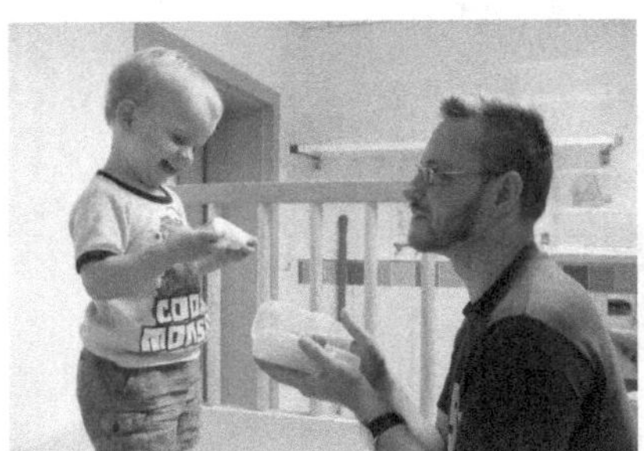

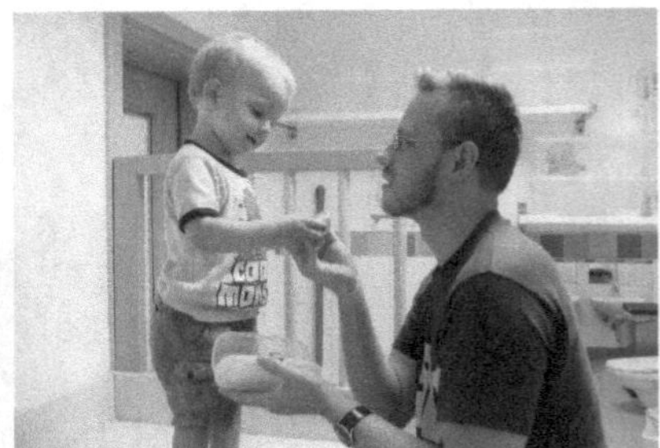

Wie funktioniert ein Fieberthermometer?

Freude macht es auch, wenn während der Pflegesituation etwas entdeckt wird und geteiltes Interesse entsteht. Hier geht es nicht um Ablenkung, sondern um geteilte Aufmerksamkeit für etwas, was das Kind entdeckt hat. Ein perfekter Bildungsmoment, in dem Neugier zu Wissen wird. Alltagsbegleitende Sprache ist überall dabei.

Zum Schluss dieser Betrachtungen ein Gedanke zur nachhaltigen Bedeutung beziehungsvoller Pflege:

Wenn Menschen von Beginn ihres Lebens an mit viel Aufmerksamkeit und Liebe gepflegt werden, kann davon ausgegangen werden, dass sie ein positives Körperbild aufbauen. Über einen respektvollen Umgang mit dem Körper erfährt der Mensch, dass seine Grenzen geachtet werden und dass kein anderer über ihn verfügt. Er bleibt unabhängig von seinem Alter und vom Zustand seines Körpers immer aktiver Teil einer Beziehung. Ist das nicht der beste Schutz vor Missbrauch?

Im Folgenden gehe ich auf die Bereiche Sauberkeitsentwicklung, Essen und Schlafen ein. Damit möchte ich die oben beschriebene dialogische Haltung im Alltag der Betreuung von Kleinstkindern verdeutlichen.

Zur Sauberkeitsentwicklung ein Beispiel
Ein Kind ist schon trocken. Dann möchte es wieder Windeln tragen. Nach einigen Beobachtungen und Überlegungen wird deutlich, dass das Kind die Zeit auf dem Wickeltisch vermisst. Die Pädagoginnen begleiten nun die Toilettengänge des Kindes und geben ihm dabei die Aufmerksamkeit, die es braucht. Es möchte nun keine Windeln mehr tragen.

Um ein Kind im Prozess der selbständigen Hygiene zu begleiten, sollten Pädagoginnen Folgendes bedenken und das auch Eltern vermitteln: In den letzten Jahren habe ich während Elternabenden und Teamsitzungen vermehrt den Wunsch vernommen, dass Kinder möglichst früh trocken werden sollten. Das ist durchaus verständlich, aber nicht immer am Kind orientiert. Haug-Schnabel und Bensel belegen, dass Sauberkeitsentwicklung sich nicht beschleunigen lässt. Weltweit sind Kinder tagsüber im Durchschnitt mit 28 Monaten und nachts mit 33 Monaten stabil trocken (Haug-Schnabel/Bensel 2009, S. 42 ff.). Das hat mit den körperlichen Reifungsprozessen zu tun und nicht mit einem irgendwie gearteten Toilettentraining.

Beziehungsvolle Pflege tut gut, eine liebevolle Begleitung und Unterstützung ist notwendig. Der Prozess muss aber nicht hinausgezogen werden. Die Kita oder die Tagespflege sind ja für die Kinder wunderbare Orte, um zu sehen, wie es die anderen machen. Hier bekommen sie viele Anregungen, welche die eigenen inneren Impulse wecken und verstärken können.

Wenn das Kind von sich aus zur Toilette gehen möchte, ist Anerkennung und Unterstützung wichtig. Toilettengänge anzubieten, hilft die Körperzeichen immer bewusster eigenständig wahrzunehmen. »Nur darf es dann nicht heißen: ›Und vor dem Rausgehen alle noch mal schnell zur Toilette‹, denn dieses Chaos fürchten die Kleinen und die ›Fasttrockenen‹ finden nicht die nötige Ruhe zur bewussten Entleerung« (Haug-Schnabel/Bensel 2009, S. 43 f.). Dieser Brief zur Sauberkeitsentwicklung benennt kurzgefasst wichtige Informationen für Eltern und Kolleg*innen:

Elternbrief »Sauberkeits-Entwicklung«

Liebe Eltern!

Wir möchten Sie in der Begleitung Ihres Kindes beim Trocken-Werden unterstützen und mit Ihnen für eine entspannte Atmosphäre sorgen.

Hierfür haben wir neuste Erkenntnisse und praktische Tipps zusammengestellt und stehen Ihnen gern mit Rat und Tat zur Seite!

1. Jedes Kind ist hier, wie in allen anderen Bereichen auch, individuell. Mit Sicherheit können wir Ihnen sagen, jedes Kind wird und will von alleine trocken werden, sie brauchen keinen Zwang.
2. Sauberkeitsentwicklung ist kein Toilettentraining, sondern ein wichtiger Schritt zur Selbstständigkeit.
3. Ein Kind muss dazu viele Fähigkeiten erlernen und eine bestimmte körperliche und geistige Reife entwickelt haben.
   Dieser Entwicklungsprozess liegt zwischen dem 2. und 4. Geburtstag.
   - Es ist notwendig, dass es die Signale des Körpers wahrnimmt, die anzeigen »gleich geht es los«.
   - Es muss selbst Signale äußern können, »ich muss mal«.
   - Es muss die Schließmuskeln kontrollieren können, »aufhalten, bis ich loslassen kann«.
4. Viele Kinder haben Angst vor der Toilette: »Kann man da reinfallen?«. Sie sollten sicheren Halt im Sitzen haben, die Füße auf dem Boden stellen können, die Spülung kennenlernen dürfen und keinerlei Druck erleben.
5. Ihre gemachten »Produkte« sollten nicht mit Naserümpfen, sondern als eigenes »Produkt« erkannt und positiv beachtet werden.
6. Gut ist es, bequeme, praktische Kleidung zu tragen, die Hilfe bei der Körperpflege als angenehm zu erleben und selbstständig sein zu dürfen.
7. Schimpfen Sie nicht, wenn mal etwas »in die Hose geht«, es ist ganz normal, bringen Sie bitte genug Wechselwäsche mit.

Das Kind macht Erfahrungen mit seinem Körper und gewinnt Selbstständigkeit, unterstützen wir es dabei liebevoll!
Wenn Sie Fragen haben oder sich mit uns austauschen wollen - sprechen Sie uns an!

Ihr Team

Ich muss nicht, weil ich muss, sondern weil ich muss …[1]

1 Annette Drüner und Krippenberaterinnen der Ev. Landeskirche Hannover 2009.

Und schließlich: Trocken gewordene Kinder sind stolz. Sie werden auch in anderen Bereichen selbstständiger, wenn sie die komplexen inneren Vorgänge verstehen gelernt haben und das äußere Tun, das in der jeweiligen Kultur dazu gehört, beherrschen.

Wenden wir uns mit Essen und Trinken einem anderen existenziellen Thema zu: Liebe geht durch den Magen! Ist Ernährung Genuss oder eine Notwendigkeit oder Beides?

Einfühlungsübung
Stell dir vor, du genießt ein Essen. Was gehört für dich dazu?
Wie fühlst du dich wohl?
Mach eine Liste von dem, was für dich zu einem schönen Essen dazugehört.

Essen und Trinken erfüllt ein lebensnotwendiges Bedürfnis. Zu Beginn des Lebens werden wir im Körper der Mutter über die Nabelschnur versorgt. Dem folgt nach der Geburt das Stillen oder das Fläschchen-Geben. Eine sehr körpernahe Situation: Der Säugling liegt im Arm der Mutter – liebevolle Blicke, sanfte Berührungen und zärtliche Worte erreichen ihn und werden mit dem ganzen Körper erlebt. Mutter und Säugling können sich gut riechen. Durch das Willkommensein des Säuglings auf dieser Welt, das Gefühl des Liebens und des Geliebtseins entsteht Bindung. Später wird das Kleinkind gefüttert, von Familienmitgliedern oder auch von Pädagoginnen.

Bitte schalten Sie dazu ihr Handy aus, denn Pflege- und Versorgungssituationen sind ein großer sozialer Schatz für beide Seiten! Im Austausch zwischen beiden Personen findet ein Dialog statt. In diesem Beziehungsraum wird Neues erfahren, Möglichkeiten beider Personen entwickeln sich. Das Zusammensein mit einem Säugling kann uns verwandeln. Wenn wir uns berühren lassen, kann er uns zu einem besseren Menschen machen. Wenn Kinder in einer solchen Atmosphäre versorgt werden und sich wohlfühlen, wird die nächste Entwicklungsphase nicht lange auf sich warten lassen: Der Säugling beginnt sich für das, was und wie er isst und trinkt, zu interessieren. Mit den Augen folgt er den Bewegungen der Erwachsenen.

Wenn sie ihm dabei Zeit lassen, wird er viel lernen und erfahren. Im besten Falle bekommt das Kleinstkind die Lebensmittel gezeigt und benannt. Dann bekommt es einen Moment Zeit, sich darauf einzustellen, dass gleich der Löffel oder das Glas seinen Mund berührt. Das Kind kann mittun und reagieren, es kann den Mund öffnen oder auch schließen oder sich wegdrehen, wenn es genug hat und satt ist. Ein kleines Kind, das von Anfang an partizipieren kann, wird mit Freuden zum Glas oder zum Löffel greifen und dem Erwachsenen damit deutlich machen, dass es nun mehr selbst tun will. Es möchte lernen, wie man mit diesen Gegenständen hantiert.

Einfühlungsübung

Lass dir mal ein paar Löffel Essen von jemandem geben.
Trink mal aus einem Glas, das dir ein anderer reicht.
Gib selbst jemand anderem Essen und Trinken.
Wie fühlt es sich an?

Die angebotene Nahrung und auch der kindliche Geschmack verändern sich. Die erste beigefarbene, süßliche Muttermilch wird mit Brei ergänzt und später mit festeren Obst- und Gemüsestückchen angereichert, die Zähne werden mit dem Kauen auf festen Brotkanten gefordert. In der sicheren Umgebung der Familie oder der frühen Betreuung ist das Kind nun neugierig und beginnt, verschiedenste Lebensmittel zu probieren. Aus »Alles ein Brei« wird die »Allesfresserphase«. Väter und Mütter berichten stolz, dass ihr Jüngstes Shrimps liebt, die Tagesmutter schmiert Leberwurstbrote, saure Gurken werden gereicht – das Kind isst einfach alles. Rohes Obst und Gemüse werden in der Krippe vorbereitet und gern geknabbert. Die Zähne dazu sind nun gewachsen, das Kind bekommt Biss! Es lernt Laufen, es hat erste Trennungserfahrungen, es entfernt sich von der Nähe zur Mutter und will die Welt kennenlernen. Doch das kann gefährlich werden: Im Urwald lauerten nicht nur wilde Tiere, sondern auch nicht essbare Pflanzen. Unser menschliches Erbe sichert uns noch heute: Es taucht eine Neophobie auf, das Kleinkind hat Angst vor Unbekanntem, besonders vor Grünem. Grün ist im Gegensatz zu Rot eher unreif, bitter, evtl. sogar giftig und wird von jüngeren Kindern gern gemieden. Auch steht das Kleinkind nicht mehr auf den Brei, sondern liebt nun getrennt angerichtetes Essen. Es trennt sich, läuft weg von der vertrauten Person, wird eigenständig und will auch erkennen und entscheiden, was da auf dem Teller liegen soll. »Trennkost« bietet z. B. die Erbsen und Möhren unvermischt an, auch wünschen die Kinder oft die Beilagen ohne Soße zu essen.

Manche Mütter sorgen sich, dass ihr Kind »verhungert und erfriert«, wenn es in die Fremde der Betreuung geht. Das ist nicht lächerlich, das ist ein altes Erbe in uns: Man möchte die Versorgung von dem »Liebsten, was man hat«, seinem Kind, gesichert wissen. Dies zu wissen, macht es leichter, an dieser Stelle Verständnis für die Eltern zu haben. Wenn das Kind gut isst, fühlen Eltern sich bestätigt. Und trotzdem ist es sehr wichtig, daraus keinen Zwang zum Essen und zum Probieren oder gar zum Aufessen zu machen.

Einfühlungsübung

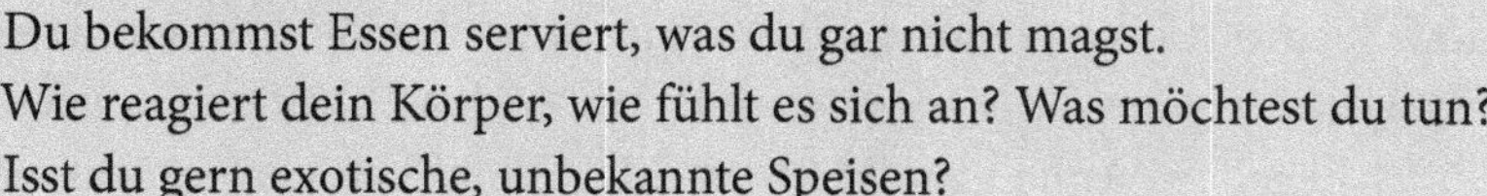

Du bekommst Essen serviert, was du gar nicht magst.
Wie reagiert dein Körper, wie fühlt es sich an? Was möchtest du tun?
Isst du gern exotische, unbekannte Speisen?

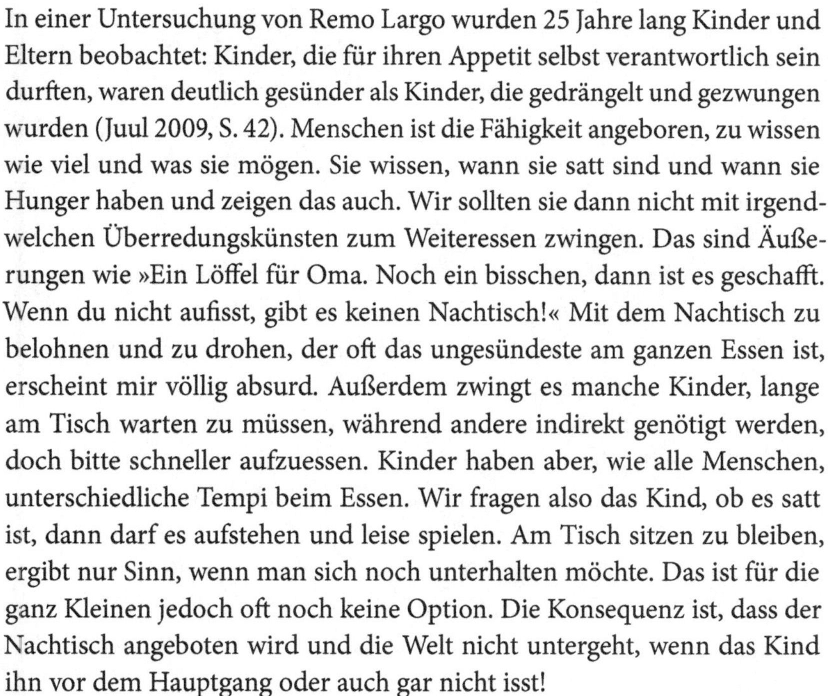

In einer Untersuchung von Remo Largo wurden 25 Jahre lang Kinder und Eltern beobachtet: Kinder, die für ihren Appetit selbst verantwortlich sein durften, waren deutlich gesünder als Kinder, die gedrängelt und gezwungen wurden (Juul 2009, S. 42). Menschen ist die Fähigkeit angeboren, zu wissen wie viel und was sie mögen. Sie wissen, wann sie satt sind und wann sie Hunger haben und zeigen das auch. Wir sollten sie dann nicht mit irgendwelchen Überredungskünsten zum Weiteressen zwingen. Das sind Äußerungen wie »Ein Löffel für Oma. Noch ein bisschen, dann ist es geschafft. Wenn du nicht aufisst, gibt es keinen Nachtisch!« Mit dem Nachtisch zu belohnen und zu drohen, der oft das ungesündeste am ganzen Essen ist, erscheint mir völlig absurd. Außerdem zwingt es manche Kinder, lange am Tisch warten zu müssen, während andere indirekt genötigt werden, doch bitte schneller aufzuessen. Kinder haben aber, wie alle Menschen, unterschiedliche Tempi beim Essen. Wir fragen also das Kind, ob es satt ist, dann darf es aufstehen und leise spielen. Am Tisch sitzen zu bleiben, ergibt nur Sinn, wenn man sich noch unterhalten möchte. Das ist für die ganz Kleinen jedoch oft noch keine Option. Die Konsequenz ist, dass der Nachtisch angeboten wird und die Welt nicht untergeht, wenn das Kind ihn vor dem Hauptgang oder auch gar nicht isst!

Kinder, die nicht selbst entscheiden dürfen und sich dann nicht nach ihrem Appetit richten können, müssen eines leisten: Sie müssen ihr Gefühl für Ekel verlieren. Nur so können sie essen, wie von ihnen verlangt wird. Etwas essen, was ihnen nicht schmeckt oder zu viel oder zu wenig von etwas zu sich nehmen. Sie können nicht mehr klar wahrnehmen, wann sie Hunger haben oder satt sind. So droht die Gefahr der Grenzenlosigkeit und diese begünstigt Erkrankungen wie Essstörungen.

Genauso schädlich ist es, Kinder mit Essen oder Trinken von anderen Bedürfnissen oder Gefühlsäußerungen abzulenken oder beruhigen zu wollen.

»Wer sensibel für seinen Appetit ist, isst auch nur dann, wenn der Körper Nahrung braucht« (Haug-Schnabel 2007, S. 34).

Wie groß soll eine Portion für Kinder zwischen einem und drei Jahren sein? Dafür gibt es eine einfache Faustregel: Je ein Esslöffel von drei bis vier Nahrungsgruppen für jedes Lebensjahr des Kindes. Das Mittagessen für ein Einjähriges kann dann so aussehen, dass ein Kind jeweils einen Esslöffel Kartoffelbrei, Gemüse, Fleisch und einen Esslöffel Apfelmus isst. Bis drei Jahre werden die Mahlzeiten entsprechend reichhaltiger, wobei die Esslöffel-Regel ein Anhaltspunkt bleibt. Manchmal kann es ein bisschen mehr sein, manchmal aber auch weniger.

Ein zweijähriges Kind könnte über einen Tag Folgendes zu sich nehmen: Milchprodukte wie eine Tasse Milch und ein Stück Käse, groß wie ein Eiswürfel. An Obst eine halbe Banane, drei Scheiben Apfel und fünf Trauben. Als Gemüse können es zum Beispiel zwei Esslöffel Möhren, drei Scheiben Gurke und als Eiweißlieferant 50 Gramm Fleisch und zwei Esslöffel Bohnen sein. Ausreichend Kohlenhydrate liefern eine halbe Scheibe Brot, eine kleine Kartoffel oder zwei Esslöffel Nudeln.

Ein Kind braucht nicht täglich die empfohlene Anzahl an Portionen zu sich zu nehmen, um gesund heranzuwachsen. Über drei, vier Tage gerechnet sollte ein Kind von allen Nahrungsmittelgruppen etwas essen. Alle paar Tage Fleisch zu essen reicht völlig.

Außerdem haben Kinder immer wieder einmal Zyklen mit mehr oder weniger Appetit. Diese kündigen Wachstumsschübe oder eine Krankheit an. Ein Minimal-Menü, mit dem Kinder bis drei Jahre täglich gut über die Runden kommen, auch wenn sie für eine Weile »fast gar nichts« essen, kann dann so aussehen: Zwei Kugeln Milcheis, das schafft jedes Kind! Oder zwei Gläser Milch oder 60 Gramm Käse oder anderthalb Becher Joghurt. Dazu 60 Gramm Fleisch oder ein Ei oder drei Esslöffel Müsli. Außerdem ein halbes Glas Orangensaft oder eine halbe Kiwi oder anderes Obst.

Schon Emmi Pikler postulierte, dass Essen Freude machen soll. Kinder, die selbst entscheiden können, essen lieber, mehr und ruhiger! Die Verantwortung der Erwachsenen liegt an einer anderen Stelle. Sie sind dafür zuständig, den Kindern zu angemessenen Zeiten Essen anzubieten, für eine gesunde Auswahl zu sorgen und sie gut zu begleiten. Der Erwachsene entscheidet, was und wann etwas auf den Tisch kommt. Das Kind entscheidet, was und wie viel es isst.

Damit Essen Freude macht und die Entwicklung zum selbstständigen Essen im eigenen Tempo verlaufen darf, ergeben sich für die Pädagogin noch weitere Aufgaben. Sie gestaltet eine ungezwungene, den Kindern zugewandte Atmosphäre. Diese entsteht, wenn die Mahlzeit gut vorbereitet ist und die Erwachsenen nicht hinter den Kindern sitzen oder im Raum herumwuseln oder sich gar über Persönliches unterhalten. In der Begleitung der Jüngsten ist vor allem die Beobachtung wichtig, um festzustellen, wann ein Kind allein essen kann und wann es gefüttert werden sollte. Das Füttern stellt eine Chance des Zweierkontaktes dar und ist so lange nötig, bis das Kind von sich aus zeigt, dass es selbstständiger werden möchte. Es kann dann vom Schoß in ein Essbänkchen eingewöhnt werden und später in eine kleine Tischgruppe. Junge Kinder lieben feste Plätze, sie geben ihnen das Gefühl von »Hingehörigkeit«. Auch sollte ihnen Mithilfe ermöglicht werden, wenn sie daran Interesse haben. Kinder holen gerne Essen, bringen ihr Geschirr nach dem Essen weg, sie transportieren gern etwas. Auch hier geht es nicht um Tischdienste und Arbeitseinteilung, sondern darum tätig sein zu können, wenn innere Impulse dazu anregen. Dies ist leicht zu beobachten.

Auch am Tisch ist die volle Aufmerksamkeit der Pädagogin notwendig, um zu erkennen, wann ein Kind welche Hilfe benötigt oder welche kleinen Gespräche sich ergeben können. Außerdem macht es große Freude zu sehen, wie die Kinder sich entwickeln und wie sie soziales Lernen selbstverständlich erleben. Sie reichen anderen Kindern Essen. Sie beobachten wie und was andere Kinder essen und haben dadurch die beste aller Anregungen, auch mal etwas zu probieren. Frei nach dem Motto: »Wenn die anderen das Essen von Brokkoli überleben …«

Überprüfen wir den Beginn von Mahlzeiten und fragen uns, ob die Kinder schon reif für einen gemeinsamen Anfang sind, macht es ihnen Freude zu singen, einen Tischspruch oder ein Gebet zu sprechen? Hierzu sollten Kinder ein erstes Bewusstsein für die Gemeinschaft, für das Wir-Gefühl haben, ihr Interesse an anderen zeigen. Wie hungrig sind sie und wie lange müssen sie warten, bis alles vorbereitet ist? Ein Ritual zu Anfang sollte nichts sein, auf das man warten muss und was dann schnell vorübergehen soll.

Wenn Essen »Leib und Seele zusammenhält«, dann ist es mehr als gesunde Ernährung. In der obigen Einfühlungsübung habe ich gefragt, was zu einem Essen gehört, das ein Genuss ist und Wohlbefinden bereitet. Du wirst auf deiner Liste viele Punkte finden, die nicht unmittelbar mit Lebensmitteln zu tun haben und die existenziell sind. »Essen ist nicht nur rational! Du isst, bis du tot bist.« hat mal eine Seminarteilnehmerin treffend bemerkt. Welche Erfahrungen hast du im Zusammenhang mit Essen gemacht? Was würdest du vorziehen? Bei Licht und frischer Luft essen oder in stickiger Luft und im grellen Licht? In gemütlicher Atmosphäre oder im Wartesaalstil? Auf einem sicheren und gemütlichen Sitz Platz nehmen oder mitten im Restaurant auf dem wackligen Stuhl sitzen? Lebensmittel essen, die etwas alt und verkocht aussehen oder Frisches und Erkennbares zu sich nehmen? Allein und lange warten müssen oder mit netten Leuten essen und trinken, wenn man Hunger hat? Aufessen, was man nicht gern mag, oder mit Lust aussuchen dürfen, was einen anlacht? Spannung und Streit spüren oder gute Unterhaltungen haben? Geschirr und Besteck vor sich haben, das schön und handlich oder geschmacklos und unpraktisch ist?

Von den passenden Möbeln und unterstützendem Zubehör wird im 6. Kapitel noch die Rede sein.

Die Mahlzeiten als vielfältige Bildungsmöglichkeit im pädagogischen Bewusstsein und im Alltagshandeln zu erfahren, bedeutet für die Kinder einen großen Gewinn. Sie können sich selbst und die Gemeinschaft erleben. Über sinnliche Eindrücke und Ausprobieren lernen schon kleine Kinder die Kultur des Essens kennen. Die alltagsbegleitende Sprachbildung kommt nicht zu kurz und es werden viele und teilweise komplizierte Bewegungen ausgeführt. Aber überdenken wir unpassende Rituale oder lange Wartezeiten.

Geben wir Kindern doch die nötige Zeit und seien wir vorsichtig mit Hilfen und großzügig mit Zuwendung! Dann wird die Essenssituation zu einem Angebot, das reichhaltiger sein kann als so mancher Stuhlkreis.

Wenn Eltern mit der Aussage »es muss doch essen« kommen, können wir nun viele Argumente und Verständnis ins Gespräch einbringen. Hier ist jedoch das Benennen von Gewaltlosigkeit wichtig. Kein Kind darf zum Essen gezwungen werden. Essen bedeutet in Beziehung zu sein. Wir selbst erinnern uns an viele angenehme und auch unangenehme Situationen ein Leben lang. Pädagogik soll hier zur Freude, zur Bedürfnisbefriedigung und zum Erlernen von Kulturtechniken dienen und nicht zum Trauma beitragen! Dazu eine Geschichte:

»Mich gibt es wirklich

Eine Familie kehrt in einem Restaurant zum Essen ein. Die Kellnerin nimmt zunächst die Bestellungen der Erwachsenen auf und wendet sich dann dem siebenjährigen Sohn der Familie zu.

›Was möchtest du essen?‹, fragt sie diesen.
Der Junge blickt schüchtern in die Runde und sagt dann:
›Ich möchte gern einen Hot Dog.‹
Noch bevor die Kellnerin die Bestellung aufschreiben kann, unterbricht die Mutter.
›Keine Hot Dogs‹, sagt sie, ›bringen Sie ihm ein Schnitzel mit Kartoffelbrei und Karotten.‹
Die Kellnerin überhört sie.
›Möchtest du Ketchup oder Senf auf deinem Hot Dog?‹, fragt sie den Jungen.
›Ketchup.‹
›In einer Minute bekommst du ihn‹, sagt die Bedienung und geht zur Küche.
Alle schweigen fassungslos.
Schließlich schaut der Junge die Anwesenden mit großen Augen an und sagt: ›Wisst ihr was, sie denkt, ich bin wirklich!‹« (Poostchi 2013, S. 49)

Im Folgenden sind ein paar Anregungen für die Übung und Realisierung einer pädagogischen Haltung benannt. Sie sollen Wohlbefinden und Lernen der Kinder befördern.

Fragen an die Pädagogin

?

Wie ist deine Grundhaltung zur Pflege und Versorgung?
Ist alles gut vorbereitet, damit Konzentration auf die Beziehung möglich ist?
Liebst du es, Kinder beim Essen zu begleiten, die gemeinsame Zeit des Wickelns zu teilen, Kinder in Ruhe anzuziehen?
Nimmst du dir genug Zeit bei der Pflege? Spürst du, wenn die Muskeln des Kindes entspannt sind und es sich leicht anfühlt? (Sonst löst du Widerstand aus.)
Ist das Gleichgewicht erhalten (z. B. der Kopf gestützt, Wickeln im Stehen möglich, Schuhe, Hose anziehen auf dem Boden, Füttern in bequemer und offener Haltung)?
Sind deine Bewegungen mechanisch oder liebevoll?
Fühlst du dich wohl?
Fühlt sich das Kind wohl? Jede Berührung trägt eine Botschaft in sich! Welche?
Benennst du deine Absichten und bittest um Mithilfe? Akzeptierst du ein »Nein«?

Sprichst du mit Ich-Botschaften und verzichtest auf Babysprache und Verniedlichungen?
Auch Gesten und das Zeigen von Dingen kündigen deine Handlung an. Wartest du die Antwort ab?
Arbeitest du gewaltfrei, ziehst oder drückst kein Kind, näherst dich sichtbar?
Verzichtest du auf Ablenkung? Bietest du kein Spielzeug beim Wickeln an? (Die Botschaft wäre sonst: Was ich tue ist unangenehm, ich lenke dich ab.)

Der Bereich Ruhen und Schlafen soll nun zu seinem Recht kommen. Im Mutterleib schläft der Fötus oft gerade dann, wenn die Mutter sich bewegt. Ist sie ruhig, ist er putzmunter. Nach der Geburt schlafen Säuglinge noch bis zu 18 Stunden am Tag und in der Nacht. Häufige kleine Mahl- und Schlafzeiten wechseln sich ab. Dann verändert sich dieser Rhythmus. Eltern sind nun bestrebt, die wache Zeit in den hellen Tag und die Schlafzeit in die dunkle Nacht zu verlegen. Das ist ein langer Prozess und Durchschlafen das große Ziel. Jedoch wird das Kind noch einige Jahre kleine Ruheeinheiten und einen längeren Mittagsschlaf benötigen. Ruheeinheiten bleiben wichtig, denn auch ältere Kinder, die ruhen und chillen dürfen, können sich nachweislich die in der Schule vermittelten Inhalte besser merken. Die Funktion des Schlafs ist zwar noch nicht gänzlich erforscht, sie trägt aber in jedem Fall zur Stärkung des Immunsystems bei und hat erholungs-, wachstums- und gedächtnisbildende Wirkungen. Auch Erwachsene profitieren von sogenannten Powernaps. Ihre Arbeitsleistung ist nach kurzen Entspannungsphasen effektiver und die Arbeit geht ihnen leichter von der Hand.

Um ruhen und schlafen zu können, braucht es ein sich Hingeben und viel Vertrauen, schließen wir doch die Augen und können die Umgebung nicht kontrollieren. Junge Menschen sind deshalb Gruppenschläfer, sie fühlen sich in einer Gruppe sicher. Unser menschheitsgeschichtliches Erbe ist es, dass die Großen einer Gruppe den Kleinen so viel Sicherheit geben, dass sie beruhigt loslassen können. Die Gestaltung der Schlafsituation inmitten anderer oder die kleine Ruhephase inmitten der wachen, spielenden Kindergruppe, kommen diesem Bedürfnis entgegen. Allerdings ist die aufmerksame große Person diejenige, welche Sicherheit gibt. Schlafwache macht also viel Sinn. Die Kleinen werden schon mal kurz wach, schauen sich um und sind sehr leicht durch freundliche Blicke, beruhigende, leise Worte oder eine Berührung zu beruhigen und schlafen schnell wieder ein. Ein abgedunkelter Raum führt schneller zur Ausschüttung des

Schlafhormons Melatonin, das am Ende der Schlafperiode wieder abgebaut wird. Wachheit und ein gutes Aufnahmevermögen sind die Folge.

Schlafbedürfnisse sind entwicklungsbedingt unterschiedlich und treten zu verschiedenen Zeiten auf. In der Eingewöhnung schläft ein Kind noch nicht, dann entstehen unterschiedliche Schlafzeiten. Manchmal gibt es Zeiten, in denen eine Gruppe sehr ähnliche Schlafbedürfnisse hat und der Mittagsschlaf kann tatsächlich gemeinsam stattfinden. Die Bedürfnisse nach Ruhephasen sind nicht nur vom Alter, sondern auch von der aktuellen Befindlichkeit abhängig. Hat sich das Kind vielleicht gerade herausfordernd und lange bewegt oder bekommt es Zähne, hat es eventuell schlecht geschlafen? Es gibt viele Gründe eine kleine Pause einzulegen. Die Pädagoginnen haben die anspruchsvolle Aufgabe, bedürfnisorientiert zu arbeiten und Abläufe anzupassen. Da kann es auch vorkommen, dass ein Kind erst nach dem Schlafen sein Mittagessen bekommt.

Für besonders herausfordernd halte ich es, wenn Eltern verlangen, dass Kinder zu einer bestimmten Zeit geweckt werden sollen. Man kann verstehen, dass Familien bestimmte Tagesabläufe für sinnvoll erachten. Es ist wichtig, mit den Eltern darüber zu sprechen, welche Hintergründe ihr Anliegen hat. Allerdings dürfen die pädagogischen Grundsätze, das Bedürfnis nach Schlaf nicht zu unterdrücken, nicht vernachlässigt werden. Kinder zu wecken ist also keine Lösung. Ein guter Weg ist die gemeinsame individuelle Erforschung des Schlaf- und Ruhebedürfnisses des Kindes. Dazu biete ich folgende Unterlage an:

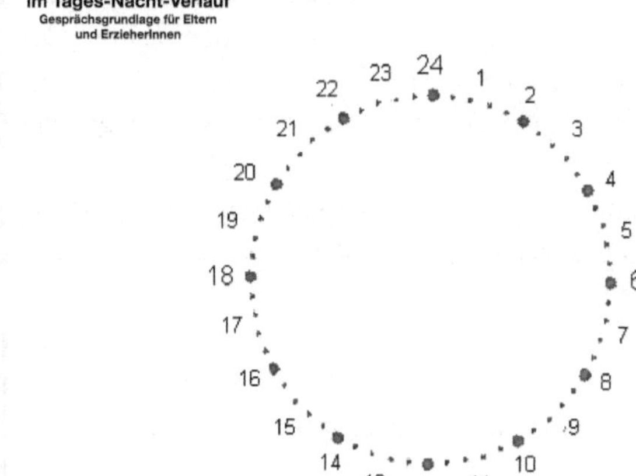

ANNETTE DRÜNER
Coaching · Fortbildung · Beratung · Supervision

Hier können Pädagoginnen und Eltern die Schlafzeiten eintragen und mit allgemeinen Schlafbedürfnissen abgleichen. Zweijährige Kinder schlafen insgesamt ca. 12,5 Stunden mit 5–6 stündigen Wachphasen. Auch dieser Elternbrief hat sich bewährt:

»Schlafen und Ruhen in der Krippe«

Liebe Eltern,

zu den wichtigen Themen in der Krippe gehört der Austausch über die individuellen Schlaf- und Ruhegewohnheiten und das Schlafbedürfnis Ihres Kindes. Wir haben für Sie wichtige Erkenntnisse rund um das Thema Schlafen zusammengefasst.

Schlafen ist Vertrauenssache. Erst wenn Ihr Kind Vertrauen zu uns und unseren Räumlichkeiten gefasst hat, kann es sich dem Schlaf überlassen. Wir begleiten jedes Kind individuell in seinem Ruhe- und Schlafbedürfnis.

Teddy, Tuch, Schnuller oder Ähnliches sollen ausdrücklich mitgebracht werden, weil sie Ihrem Kind die nötige Sicherheit vermitteln können. Gerne können Sie auch Bettwäsche/Schlafsack von Zuhause mitbringen, dessen Aussehen und Geruch vertraut sind.

Wir schaffen gemütliche Rückzugsräume und »Höhlen«, in denen sich die Kinder jederzeit ausruhen und trotzdem das Geschehen beobachten können. Wir bieten den Kindern unterschiedliche Schlafgelegenheiten wie Reisebetten, große Körbe, Matratzen u. a. an.

Ein abgedunkelter und gut gelüfteter Raum ist gesund für den Schlaf. Der Körper schüttet im Schlaf Melatonin aus. Dieses Hormon fördert das Wachstum. Ein erholsamer Mittagschlaf hebt die Qualität des Nachtschlafes.

Der Bundesverband der Kinderärzte empfiehlt in der Regel, dass Kinder bis zu 3 Jahren nicht aus dem Mittagschlaf geweckt werden sollten. Nur ein ausgeschlafenes und waches Kind findet seine Spielgefährt*innen, seinen Spielplatz und entwickelt eigene Spielideen, aus denen es Bildungs- und Entwicklungsanregungen erhält.

Zwischen Mittagschlaf und abendlichem Zubettgehen sollten ca. 5–6 Std. liegen. Das durchschnittliche Schlafbedürfnis bei Kindern liegt bei ca. 12 Stunden pro 24 Stunden.

Im Tagesverlauf achten wir darauf, dass die Kinder zu jeder Zeit ihrem Schlafbedürfnis nachkommen können. Mahlzeiten werden dann individuell angepasst. Sollten Sie weitere Fragen zum Thema haben, sprechen Sie uns gerne an.

Ihr Krippen-Team[2]

---

2 Annette Drüner und Krippenberaterinnen der Ev. Landeskirche Hannover 2017.

Schlafen kann man nur, wenn man müde ist. Manche Erwachsene erinnern sich an unangenehmes Wachliegen als Kind. Genauso kann Schlafentzug durch Wecken auf Dauer schädigen. Wer wann müde wird, zeigt sich früh. »Eulen« und »Lerchen« scheinen angeborene Schlaftypen zu sein. Das Aufwachen kündigt sich durch Bewegungen, schnellere Atmung oder Augen öffnen an. Bei Ansprache in der Aufwachphase werden Kinder dann leicht wach, können den Schlafraum verlassen, sich anziehen, einen Snack zu sich nehmen und vergnügt ins Spiel gehen. Ich habe Erzieherinnen gebeten, Fotos von den Orten zu machen, an denen die Kinder sich am liebsten aufhalten. Das Ergebnis hat mich erstaunt: 80 % der Fotos bildeten Rückzugsräume ab. Emmi Pikler hat in ihren Untersuchungen zu den verschiedenen Aufmerksamkeiten im Spiel (s. nächstes Kapitel) vier Formen beobachten können. Eine davon ist mit Ausruhen, Pausen und Erholung benannt. Sie sei hier erwähnt, um deutlich zu machen, wie wichtig es gerade für junge Kinder ist, Möglichkeiten zum Rückzug in allen Betreuungsräumen vorzufinden. Es sind kurze Zeiten für ein Nickerchen, zum Dösen oder Träumen, mal nicht ganz da sein …

Kinder, die nicht genug schlafen und ruhen, stehen schnell unter Stress. Sie sind dann nicht in der Lage, am Tagesablauf aktiv teilnehmen zu können, geschweige denn, nachhaltig zu spielen und zu lernen. Ihre Bewegungsmöglichkeiten sind eingeschränkt, sie werden als quengelig erlebt. Eigentlich ist es doch eine Zumutung, von einem Menschen Wachheit zu erwarten, der müde ist, oder?

Einfühlungsübung

Stell dir vor, du fährst in den Urlaub: Es soll früh losgehen. Du musst um 5 Uhr aufstehen.
Wie fühlst du dich?
Erinnere dich an die Körperempfindungen, deine Gefühle und deine Möglichkeiten, klar zu denken und gezielt zu handeln.

So sollte die Kindergruppe genau beobachtet werden, um Schlaf- und Ruhebedürfnisse festzustellen. Pädagoginnen müssen die Anzeichen für Stress und Müdigkeit erkennen. Das Kind auf dem folgenden Bild weist einen leeren Blick auf, vielleicht fallen die Augen gleich zu, die Bewegungen sind verlangsamt oder ganz eingestellt. Es ist nicht leicht ansprechbar und kann jeden Moment in den Schlaf »fallen«. Auf diese Zeichen ist zu achten, denn kein Kind antwortet auf die Frage »Bist du müde?« mit einem munteren »Ja!«.

Wichtig ist, dass das Ausruhen und Schlafen keinen Zwang darstellen, sondern sich an Bedürfnissen orientieren, schön gestaltet sind und somit eine angenehme Erfahrung bedeuten. Kinder lieben Orte mit spürbarer Begrenzung. Gruppenräume bieten gute Chancen, verschiedenste Möglichkeiten zu schaffen: Leseecke, Sitzsack, Kinderwagen, Schaukel, Hängematte, (Hunde-)Körbchen, Höhlen, Kartons, Matratzenlager, Reisebett, Strandmuscheln. Sind diese Plätze mit Decken und Kissen ausgestattet? Sind Schnuller, Tücher und Kuscheltiere für das Kind jederzeit erreichbar oder hat die Pädagogin die Hoheit über Trostgegenstände? Das Kind lernt sich mit diesen Hilfsgegenständen, sich selbst zu trösten und zu beruhigen.

Auf dem Foto sieht man Gegenstände, die in der Krippe nach dem Schlafen eingesammelt worden sind, weil sie die Kinder als Übergangsobjekte mit ins Bett gebracht hatten. Sie hatten sie nach dem Schlafen völlig vergessen, aber für den Übergang ins Bett waren sie ihnen wichtig, da sie für das standen, was ihnen vor dem Zubettgehen wichtig war, und ihnen Halt gaben. Der Übergang zum Schlafen ist ein herausfordernder Wechsel, der sehr viel verändert. Es wechselt nicht nur die Situation; auch der Raum, oft das Personal und sogar der Bewusstseinszustand ändern sich!

Das Mittagessen für junge Kinder sollte also ab 11 Uhr vorbereitet werden, damit sie hierfür nicht schon zu müde sind, sondern noch in aller Ruhe essen können, ohne dass ihnen der Kopf in den Teller fällt. Danach sind die Kinder auch meist bereit für einen ruhigen Mittagsschlaf und später wieder für ein aufgewecktes Spielen. Gleichzeitig wird gewährleistet, dass die Zeitspanne zwischen Mittagsschlaf und Einstieg in den Nachtschlaf lang genug ist. Nach einem Mittagsschlaf sollte dem Kind etwas Tee oder Wasser und etwas Obst angeboten werden. Der kleine Snack erfrischt und gibt neue Kraft.

Fragen an die Pädagogin

Wie viele Rückzugsecken bieten wir drinnen und draußen an?
Können Kinder selbstständig Schnuller, Kuscheltiere und Rückzugsräume erreichen und jederzeit nutzen?
Weiß ich um die persönlichen Wach- und Ruhezeiten der Kinder meiner Gruppe?
Bedürfnisorientierte, sichere Abläufe oder festgelegte Tagesstruktur – wie läuft es bei uns?
Wie gestalten wir den Übergang zum Schlafen und nach dem Schlafen?

Wenn Menschen schon früh erfahren, dass eine gute Balance zwischen Aktivität und Ruhen zu guter Leistungsfähigkeit führt, prägt das eine Grundhaltung. Wenn es erlaubt ist, Bedürfnissen wie chillen, rumdaddeln, in die Luft gucken, schlummern, dämmern oder tief und fest schlafen, nachzugehen, dann wird man sich gern ausgeruht und entspannt den Herausforderungen des Lebens stellen. So wie die Geborgenheit die Neugier aktiviert, aktiviert auch das Ausgeruhtsein das Tätigseinwollen.

Die Pflege und Versorgung in der beschriebenen Art auszuführen, stellt eine echte Anforderung an Pädagoginnen dar. »Dazu habe ich keine Zeit!«, sagte die eine oder andere mutige Teilnehmerin im Seminar. Dann entsteht die notwendige Diskussion darüber, wie viel Bildung in der Pflege steckt. Auf welche Angebote in der Folge verzichtet werden könnte und wie viel Stress aus der Arbeit genommen wird, wenn die Tagesabläufe wirklich den Bedürfnissen der Kinder angepasst werden. Außerdem steigt die Qualität der Arbeit und das tut auch den pädagogischen Fachkräften gut.

Die Haltung der Pädagogin kann sich in der Frühpädagogik gut an der Arbeit von Emmi Pikler orientieren. Eine respektvolle Haltung einzunehmen bedeutet, den anderen in sein Blickfeld zu nehmen und ihn als einen eigenen, ganzen Menschen wahrzunehmen. Sodann sind die eigenen Gefühle und Reaktionen bewusst zu bemerken und die darauffolgenden Handlungen in den Dienst der Profession zu stellen.

Fragen an die Pädagogin
Was ist der Sinn meiner Arbeit?
Wozu tue ich etwas?
Was möchte ich in meinem Zusammensein mit Kindern bewirken?

Eine liebevolle Haltung beinhaltet eine aufmerksame Distanz. Die Pädagogin wartet auf Signale und Äußerungen des Kindes, achtet auf die Stimmungen und (Körper-)Sprache und sie reagiert darauf. Die Pädagogin schaut genau hin, um die Angebote, die ein Kind macht, zu erkennen. Sie muss also in dem Augenblick, in dem sie sich dem Kind zuwendet, ausblenden,

- dass Zeitdruck existiert,
- dass sie auch andere Kinder betreuen muss und
- dass das Kind etwas Bestimmtes zu einem bestimmten Zeitpunkt können muss.

Sie lernt, dass alles, was sie tut, die Welt des Kindes und damit seine Entwicklung als Person beeinflusst und prägt. Am Anfang des Lebens sind Welt und Person noch nicht klar abgegrenzt. Der eigene Wille, die eigene Persönlichkeit bilden sich im Miteinander. So wie die Welt und die Menschen dem Kind begegnen, entwickelt sich das Kind. Wird das Kind mit Respekt und Achtung begleitet und wird akzeptiert, dass es eigene Voraussetzungen mitbringt, wird das Kind auch anderen mit Respekt und Achtung begegnen.

Heute können wir sagen, dass die moderne Hirnforschung, wie wir sie bei Singer, Hüther u. a. finden, dieses Vorgehen belegt. Wir kommen mit den Anlagen auf die Welt, unendlich viele Möglichkeiten zu entwickeln. Welche Anlagen zu Fähigkeiten werden, entscheidet das Miteinander von Impulsen des Kindes und der Reaktion der Welt darauf. Nur dann entstehen neuronale Verknüpfungen. Vererbung und Umwelt befinden sich im Zusammenspiel. Jeder muss ständig eigene Erfahrungen machen, damit sich neuronale Bahnen ausbilden. Das Leben fordert lebenslang neues Verhalten von uns. Im Lernen vom Kindesalter an bis hin zur Pubertät werden die neuronalen Grundlagen gebildet und auf diese greift der Mensch im weiteren Leben immer wieder zurück. Werden sie genutzt, entwickeln sie sich weiter und Neues wird hinzugefügt. Werden sie nicht genutzt, verkümmern sie.

4 Lernen die schon oder spielen sie noch?
Bildung durch Lernen bei freier Bewegung und freiem Spiel ermöglichen

Die Lust am Lernen beginnt früh. Schon Neugeborene verfolgen nach kurzer Zeit erstaunt, interessiert und neugierig z. B. ihre eigene Hand. Die Hand scheint »vorbeizukommen«. Noch hat der Säugling nicht erkannt, dass sie zu ihm gehört und dass er diese Hand einmal steuern können wird. Dass diese Hände feinste Bewegungen vollbringen und sehr sensibel spüren können. Dass sie stark und zupackend sein können.

Welche enorme Lernleistung der frühgeborene Mensch doch vollbringt, wenn er sich und die Welt kennenlernt! Lebenslang wird der Mensch weiterlernen. Da ist die Frage nach der Qualität und der geeigneten Art und Weise des Lernens von Interesse und von großer Bedeutung.

Unter welchen Bedingungen kann ein junger Mensch überhaupt lernen? Oft wird das Bild einer Wippe verwendet:

Fühlt sich ein Kind sicher und geborgen, ist ihm die Umgebung vertraut und droht ihm keine Gefahr, so wird es mit Interesse seine Welt erkunden. Sein Explorationsverhalten wird also stärker. Oder, wie im folgenden Bild der Wippe zu sehen ist, bekommt das Ausgreifen in die Welt mehr Gewicht. Ist ein Kind dagegen unsicher, ist ihm die Umgebung nicht bekannt, hat es unbefriedigte Grundbedürfnisse oder droht sogar eine Gefahr, so wird sein Bindungsverhalten stark. Es wird die Nähe einer vertrauten Person suchen. Bindung und Aktivität sind ein wechselseitiger, sich bedingender und ein andauernder Prozess, der mit dem Bild der Wippe anschaulich visualisiert ist.

Bindungsverhalten

Explorationsverhalten

Explorationsverhalten

Bindungsverhalten

Einfühlungsübung

Wann bin ich wach, interessiert und gern aktiv?
Wann brauche ich Sicherheit, Rückzug, die Nähe anderer?
Wie gestaltet sich der Wechsel, beachte ich ihn in meinem Alltag?

Für die Pädagogin bedeutet das, die Kinder gut im Blick zu haben. Kinder so zu beachten, dass sie feststellen kann, wann das Kind verunsichert ist und wann es feinfühlige, Sicherheit gebende Erwachsene braucht. Hier heißt es, Bindungsverhalten wie Anlehnen, Weinen, Anklammern, Folgen sowie Rufen mit Blicken, Gesten oder Worten als solches zu erkennen und prompt, direkt und freundlich zu beantworten. So erlebt sich das Kind als beziehungsselbstwirksam und wird schnell wieder zu Sicherheit und Spielfreude zurückfinden.

Das Kind wird älter und der Drang zu explorieren nimmt zu, es genießt, wenn Erwachsene es wahrnehmen und ihm rückmelden, dass sie sehen, was es tut. Damit wird ihm Mut gemacht, die Welt weiter zu erforschen. Hier geht es nicht um Motivation durch Loben, sondern um das Gefühl, gesehen zu werden und um Rückversicherung. Das junge Kind, das sich von der Mutter oder anderen Bindungspersonen entfernt, schaut immer wieder zurück und braucht freundliche Ermutigung und die Sicherheit, immer zurückkehren zu können. Nur wenn es das Gefühl hat, die eine Hand lässt es gehen und die andere nimmt es jederzeit wieder auf, wird es in Ruhe die Welt erforschen können.

Junge Kinder wollen erleben, dass die Pädagogin es als Person in seinem Tun sieht und dieses benennt. Durch Rückmeldungen wie »Super, das kannst du schon, versuch mal, fein!«, schaden wir dem Aufbau eines realistischen Selbstbildes genauso wie mit Nichtbeachtung oder abwertenden Äußerungen. Einfach Dasein und die Blicke der Kinder freundlich zu beantworten oder ihrem Tun Worte zu geben, erscheint Pädagoginnen oft als zu wenig: »Da tu ich ja nichts, was soll meine Leitung oder was sollen die Eltern denken.« Beachten wir bitte, dass wir nicht dem schnellen Erfolg dienen, sondern möglichst stressfrei Kindheiten mitgestalten. Mater Margarete Schörl hat ihr Leben den Kindern und der Kindergartenpädagogik gewidmet. Am Ende ihres Lebens antwortete sie auf die Frage »Was ist die wichtigste Aufgabe einer Erzieherin?«: »Da zu sein! Sich Zeit zu nehmen, um zu hören, was uns das Kind sagt, vor allem aber zu sehen, was es uns zeigt, um zu erkennen, was es braucht« (Riedel 2003, S. 60).

Fühlen junge Kinder sich wohl, dann spielen sie. Sie sind Wiederholungstäter, wenn es ums Lernen geht. Niemals wird sich ein Kleinkind damit zufriedengeben, etwas nur einmal zu tun. Es hat den starken inneren Impuls, das, was es interessiert, immer wieder zu tun. Wenn Sie ein junges Kind fragen, welches Lied es singen möchte, wird es mit »Mal!« antworten und das Lied wiederholt singen wollen. Wenn es auf einer Kante balanciert, wird es »Wieder!« ausrufen. Durch ständiges Wiederholen entstehen im Gehirn neuronale Verbindungen.

Hüther benutzt das Bild der kleinen Pfade, die durch Benutzung zu breiten Wegen oder gar zu Autobahnen werden können. Wege, die nicht oft benutzt werden, bleiben abenteuerlich verschlungen oder verschwinden ganz (Hüther 2005, S. 9). Durch die Art und Weise wie ein Kind handelt, fühlt und denkt, legt es also Verschaltungen im Gehirn an, die seine Einzigartigkeit ausmachen.

Im Zusammenspiel seines Denkens, Fühlens und Handelns kann der Mensch beobachten, nachmachen, erinnern, vorstellen, wahrnehmen, zuordnen, Zusammenhänge herstellen, Vorstellungen entwickeln, etwas benennen und Bedeutungen erkennen. Er lernt. Das Lernen des Kindes findet im Spiel statt. Spielen ist die Arbeit des Kindes, wusste schon Maria Montessori. Und nirgends sind Kinder so unbekümmert, konzentriert und ausdauernd, wie im freien Spiel, das immer mit freier Bewegung verbunden ist.

Bei Spiel und Bewegungen verfolgen Kinder ihrem Entwicklungsalter entsprechende Interessen. Sie interessieren sich für ganz spezielle Themen, erleben grundsätzliche Zusammenhänge und erlernen lebenswichtige Fähigkeiten. Dazu brauchen sie entsprechendes Material. Hier eine Auflistung der Themen und des geeigneten Materials, um diese zu erarbeiten:

Das Nehmen und Geben
ist ein großes Thema. Das Kind bekommt Nahrung, Zuwendung, Spielzeug und will schon früh die dazugehörigen Bewegungen selbst ausführen. Es gibt und nimmt gern bei Tätigkeiten wie füttern oder Puppen an- und ausziehen. Es lernt, sich rücksichtsvoll, versorgend und sozial zu verhalten. Es ist berührend, wenn ein Kleinkind Erwachsenen etwas zu Essen reicht, wenn es ein anderes Kind zum Trost streichelt. So wie mit ihm umgegangen wird, geht es auch mit anderen oder später mit Puppen und anderen Kindern um. Seien wir also sorgsam und sanft in Berührungen …
Material: Puppen mit einfacher Bekleidung, Hüte, Bettchen, Puppenwagen, Wäsche- und andere Körbe, kleine und große Kissen und Decken, Geschirr und Besteck, Küchenutensilien.

Das Loslassen, Fallenlassen und Schmeißen
dient dem Entwickeln der Selbstständigkeit. Der Instinkt des Greifreflexes ist nicht mehr nötig, um sich am Fell der Mutter festzuhalten, wenn sie durch die Bäume schwingt, jedoch ist er außerordentlich hilfreich. Vieles greift und ergreift der Mensch im Laufe des Lebens. Was er aber lernen muss, ist das Loslassen. Erstaunlich mit welcher Kraft ein Säugling den ihm gereichten Finger umklammert und festhält. Ihn dann loszulassen, scheint

kaum möglich. So ist das Lernen des Loslassens ein ganz wichtiges Thema, das alle Kleinkinder von allein beginnen. Sie freuen sich, wenn etwas runterfällt und beginnen selbst alles Mögliche fallen zu lassen, schmeißen gern Dinge irgendwo rein und können gar nicht davonlassen. Wenn Pädagoginnen bedenken, wie oft sie im Leben etwas loslassen müssen, sich von etwas trennen, wie oft es Neuanfänge gibt, dann wächst die Geduld, wenn Kinder dieses Fallenlassen tun wollen. Wenn sie das Loslassen mit allerlei Dingen üben. Man kann getrost verbieten, dass Kinder den Lastwagen von der Hochebene schmeißen. Mit geeigneten Materialien sollte dieses Verhalten jedoch erwünscht sein.
Material: Tücher, Fell- und Lederstückchen, Federn, Softbälle, Kuscheltiere, Luftballons.

Das Klatschen, Klopfen und Hauen
wird gern mit den Händen und mit Gegenständen ausgeführt. Es kann innere Unruhe ausdrücken. Man kann dann zappelige Beine oder Arme sehen. Damit zeigt das Kind Bewegungsbedürfnisse an. Oder es gibt zu verstehen, dass es zu lange auf etwas warten muss, was es braucht oder tun möchte, z. B. beim Rausgehen, wenn es in der Garderobe warten muss. Es kann auch sein, dass das Kind Rhythmen ausdrückt und damit eine Vorstellung von Takt und Zeit erfährt.
Material: einfache Instrumente wie Klanghölzer, Trommeln, Stöcke, Hammer, Nägel, Holz, Klackerschuhe.

Das Schütten, Füllen, Ausräumen und Gießen
sind wunderbare Tätigkeiten für junge Kinder, die sie jeden Tag ihres Lebens bei Erwachsenen beobachten können. Gern führen sie diese Tätigkeiten nun selbst aus und üben sich in Balance und Koordination. Sie lernen vielerlei Materialeigenschaften kennen und erlernen lebenspraktische Fähigkeiten. Sie wischen und fegen auch gern und lernen voller Freude Haushaltsführung, wenn sie es freiwillig machen dürfen.
Wenn Sorgen wegen kleinem Füll- und Schüttmaterial bestehen, dann geben vorbereitete Materialkisten, abgegrenzte Ecken und das Beisein einer Pädagogin die nötige Sicherheit.
Material: Joghurt- und andere Eimer, Kisten und Kästchen, Gieß- und andere Kannen, Siebe, Trichter, Behälter mit Kleinmaterial wie Plastikdeckel, Bohnen, Spielmais, Kastanien, Reis usw., Besen und Bürsten für drinnen und draußen, Handfeger und Kehrblech, Wischtücher, Schwämme, Staubwedel, Wasser, Sand.

Das Transportieren, Tragen, Schieben und Ziehen
haben Kleinstkinder schon oft erlebt, sie wurden von einem Ort zum anderen auf verschiedenste Weise befördert. Nun tun sie es selbst so gern, sie tragen Dinge von einem Ort zum anderen. Sie benutzen Hilfsmittel dazu, auch schwere Sachen werden gezogen und geschoben. Stolz wird auch gern mal ein anderes Kind durch die Welt gefahren. Noch geht es nicht darum, aus für uns vernünftigen Gründen etwas Bestimmtes zu bewegen. Es geht um die Bewegung an sich. Es ist doch ein schönes Gefühl, wenn man etwas bewegen kann. Dies kann man nur ermöglichen, wenn man auf Vier-Ecken-Pädagogik verzichtet und sich vielmehr an der Arbeit der Kinder erfreut. Sie interessiert nicht, ob sie Material aus der Puppen- in die Bauecke verschieben. Sie verschieben und sind sich keiner Mühe zu schade. Es vermittelt eine Erfahrung davon, Kraft zu haben und Kräfte einschätzen zu lernen.
Material: stabile Puppenwagen, Einkaufstrolley, Sitzkisten, Ziehtiere, schwere Sachen wie Möbel eignen sich zum Schieben, Bauklötze, Baumscheiben zum Beladen.

Das Verbinden und Trennen
drückt nach der großen Verbundenheit mit der Mutter und den Bindungspersonen ein starkes Bedürfnis nach Eigenständigkeit aus. Diese ist nur durch Trennung zu erreichen. Manchmal erscheint es mir so, als ob kleine Kinder das üben, indem sie vielerlei Trennbewegungen im Spiel vollziehen. Sie trennen und durchteilen, beißen durch, blättern, pulen, reißen und durchstecken Dinge. Sie verbinden und lösen etwas durch Bauen, Klopfen, Klatschen, Draufhauen, Verschnüren. Sie bauen erste Türme mit dem klaren Ziel, sie umzuschmeißen. Hier geht es nicht um die Erschaffung eines Bauwerks, sondern ganz praktisch darum, die Freude von Verbundenheit und Trennung zu erfahren.
Material: Bausteine, die keine Verbindungen haben, (Wäsche-)klammern, Heftklammern, Schnüre, Klebeband, Verschlüsse, dicke Nudeln zum Auffädeln, Bänder, Papiere, Nudelsiebe mit Strohhalmen oder Pfeifenputzern, Schalter.

Das Umgeben sein, Eingeengt sein und das Einzäunen
erscheint wie die andere Seite des Trennens. Die Vorliebe sich durchzuquetschen, einzuschließen, etwas auf und zuzumachen, durch etwas hindurchzugehen und wieder herauszukommen, in engen Räumen zu sein oder von ihnen umgeben zu sein. Die Nähe und Enge zu erleben, um sich

selbst zu spüren und um sich sicher zu fühlen. Dies erfahren die Kinder am eigenen Körper oder sie zäunen Orte und Dinge ein. Höhlen werden gebaut oder Ställe und Gehege für Tiere konstruiert.
Material: Tunnel, Knoblauchpressen, Briefkästen, Kartons, Ställe, Gehege, Zäune für Tiere, Spieltiere aus Stoff, Plastik und Holz, Bahngleise, Bausteine oder Kissen, Körbe, Pappkartons, Grill-, Zucker- und andere Zangen.

Das Laufen, Hochklettern und Dinge nach oben stellen
verlässt die Enge, die Sicherheit gibt. Selbstständig zu sein, selbst stehen und laufen zu können und groß sein zu wollen, sind die Themen, die körperlich und mit Dingen umgesetzt werden. Kinder sind stolz, wenn sie sich selbst oder etwas in die Höhe bringen. Manchmal scheint es, als ob das Momente sind, in denen ihr Bewusstsein für sich selbst erwacht. Durch die neue Perspektive kann eine Vorstellung von Überblick und planbarer Zukunft entstehen, wie »da will ich hin«. Dafür lohnen sich Anstrengung und Einsatz. Wer ist nicht gern auf der Höhe?
Material: alles zum Hochklettern, Kästen, Kisten, Dreiecksleitern, Treppen, Podeste, Regale zum Hochstellen.

Das Drehen, Umkreisen und sich auf Geraden bewegen
kommen als herausfordernde neue Bewegungen dazu. Diese werden mit dem Körper oder mit Dingen ausgeführt und sie werden geübt und verfeinert. Herum- und herausdrehen, im Kreis laufen, Strecken hin und her zurücklegen. Kreisende Bewegungen führen Kinder auch gern beim Rühren aus. Die Arten der Bewegung in der Welt sind vielseitig und wollen alle erprobt werden. Manchmal ertönen Lustschreie, wenn Kinder immer wieder um einen Tisch laufen oder, wie Hase und Igel, Strecken bewältigen. Sie entwickeln große Ausdauer und Kraft. Auch Hindernisse wollen im Leben bewältigt werden. Junge Kinder lieben Schrägen, Höhen, Tiefen und Kanten zum Rutschen, Balancieren und Springen.
Material: Ringe, Globusse, Nudelhölzer, Walzen und Räder, Schrägen, Umrandungen, Rollbretter, Matten, Podeste, Töpfe und Kochlöffel, Schüsseln, Salatschleudern, Plätze zum Strecke und Rundlauf rennen.

Das Rein und Raus
ist ein verwandtes Thema. Es sind Erfahrungen durch Tätigkeiten wie nach Innen und Außen schauen, auf und zumachen, rein und rauslaufen, vor und hinter sein. Es wird die Vorstellung erfahrbar, dass etwas an verschiedenen Orten ist, manchmal noch sichtbar, manchmal nicht. Das Kind kann selbst-

tätig Situationen herstellen, in denen es Permanenz von Personen, Objekten oder Orten erlebt. Da ist ein Bagger draußen, er ist durchs Fenster zu sehen aber nicht zu hören. Der eigene Körper kann sich an verschiedene Orte begeben und bleibt doch derselbe. Andere Menschen sind nicht mehr zu sehen und zu spüren, sind aber noch existent. Ein Ort existiert noch, wenn z. B. die Tür geöffnet wird, ist er wieder sichtbar. Guck-Guck-Spiele machen großen Spaß.
Material: Vor und hinter dem Vorhang, kleine Durchgänge zwischen und hinter Möbeln, Röhren und Material zum Durchkullern lassen, Taschen, Stofftüten und Portemonnaies, Dosen oder Joghurteimer mit Öffnungen und Material zum Durchstecken.

Das Suchen und Finden
wird im Verstecken oder Einwickeln realisiert und damit das Thema Rein und Raus differenziert. Sich selbst zu verstecken und wieder aufzutauchen ist amüsant. Dinge ein- und auszuwickeln ist oft interessanter, als das was da ausgepackt wird. Etwas auf- und zuzudecken, erfordert vom jungen Kind oft hohe Konzentration. Auch etwas an- und aus- oder auf- und zuzumachen, wird mit viel Ausdauer betrieben. Kleine Kinder lieben die Gefühle der Überraschung und entdecken, dass Objekte konstant sind. Hier kann man erfahren, dass Prozesse vorauszusehen und damit planbar sind. Eine unverzichtbare Fähigkeit, wenn man an Schule, Beruf und Beziehungen denkt.
Material: Handtücher, Decken und Tücher, Pappkartons, Papiere, kurze Schnüre, Flaschen, Taschen, Gläser mit Schraubdeckeln, Taschenlampen, Schalter.

Das Zusammen und Auseinander
im Anhäufen und Zerstreuen von Dingen macht jungen Kindern offenbar Spaß. Es scheint, als würden die Themen Trennen und Verbinden zusammengebracht. Kleinkinder hantieren mit kleinen Dingen, die sie anhäufen, aufstecken, dann wieder verteilen und ausbreiten, z. B. beim Fegen oder Laub sammeln, beim Krümel wischen, beim Hantieren mit Kleinteilen. Auch das bei anderen nicht sehr beliebte Sandschmeißen bereitet dem, der es tut, große Freude. Es steckt keine böse Absicht dahinter. Jedoch muss das Einhalten der Grenze »geht und geht nicht mehr« gelernt sein. Das Kind weiß noch nicht, was sein Tun beim anderen bewirkt. Davon mehr im nächsten Kapitel.
Material: Schaufel und Feger, Lappen, Toilettenpömpel und Gardinenringe, Behälter mit Verschlüssen wie Cremedosen, Flaschen, Schloss und Schlüssel.

Das Sammeln, Reihen und Sortieren
sind kindliche Tätigkeiten, mit denen das Kleinkind eine besondere Phase erreicht. Nun werden Dinge wiedererkannt und Beziehungen hergestellt. Es erkennt Ähnlichkeiten und Unterschiede wie Größen, Formen, Farben und Funktionen von Gegenständen. Im Bearbeiten dieser Themen beginnt das Kind Ordnungen und Kategorien sichtbar zu machen. Stören wir den jungen Menschen nicht, legt er die Grundlagen dazu, eines Tages gern aufzuräumen oder es leicht mit der Mathematik zu haben und vielleicht wird er sogar ein Künstler …
Material: alles, und viel von Materialien wie Steine, Muscheln, Rinden, Schneckenhäuser, Korken, Zapfen, Muggelsteine, Kastanien, Mais, Blätter und Sortierbehälter wie neue Eierkartons, Behälter für Schrauben, Eiswürfelbehälter.

Das Basteln
von vorgefertigten Dingen gehört nicht in dieses Alter. Jedoch lieben die Kinder den Umgang mit vielen Materialien in freier Form. Gestalten, etwas zusammenbringen, Krickelkrakel und erste Formen zu malen, macht ihnen Freude und entwickelt ihre Fantasie. Bereiten wir also ein Atelier vor, in dem alle Kinder viele Grunderfahrungen machen können.
Warum junge Kinder mit etwas Chemischen wie Rasierschaum spielen sollen, ist mir nicht verständlich. Selbstgemachter Matsch aus Sand oder Kartoffelmehl und Wasser sind nicht nur billiger, sondern auch hautfreundlicher.
Material: Kleister im Deoroller und Kleber, Scheren, Wasser, Sand-(Spielzeug), Kartoffelmehl, verschiedenste Papiere, Leinwände, Stifte, Knete, Ton und Teig, Magic Sand, Stifte und Farben, Pinsel, Quasten, Federn, Malerrollen, Tabletts mit kleinen Geräten und Sand, Reis.

Noch ein Hinweis zum Zusammenhang von Sinneserfahrungen und Begriffsbildung: Kinder, die ihren Interessen gemäß frei spielen, lernen mit dem ganzen Leib. Wenn sie dabei hin und wieder gesehen und mit spielbegleitender Sprache beglückt werden, fällt es ihnen leichter, sich auch abstrakte Begriffe anzueignen. Denn: Sie erfahren sie ja ganz praktisch! Hier ist die Bildung von Begriffen wie »vor« und »zurück«, »unten« und »oben«, »groß« und »klein«, »an« und »aus«, »rein« und »raus«, »hoch« und »runter«, seitwärts »hin« und »her«, »nass« und »trocken«, »weich« und »hart«, »flüssig« und »fest«, »warm« und »kalt«, »laut« und »leise«, »drinnen« und »draußen«, »auf« und »zu«, »dicht« und »durchsichtig« u. v. m. gemeint.

Kleinst- und Kleinkinder, die beziehungsvoll gepflegt sind und gut eingewöhnt wurden, beginnen von selbst die Welt zu erkunden und mit ihr und in ihr zu lernen. Schauen wir uns an, wie sie dies tun: Sie hantieren mit Gegenständen, nehmen sie auch gern in den Mund. Warum der Mund? Er ist die Region des Körpers, die durch das Saugen bisher am meisten Sinneseindrücke erfahren hat. Damit ist der Mund sehr geübt, Eindrücke wahrzunehmen. Bald schon werden die Hände diese Funktion übernehmen und das Kind wird nicht mehr alles in den Mund stecken.

Die Sorge von Eltern und manchen Pädagoginnen, das Kind könne Schaden nehmen, wenn es den Schnuller eines anderen Kindes in den Mund nähme, ist interessant. Es ist ja auch nicht machbar, die Spielzeuge einzelnen Kindern zuzuordnen. Nur so wäre es ja möglich, dass nichts in den Mund genommen wird, was ein anderes Kind zuvor bespielt hat. Die Zuordnung fällt beim Schnuller leicht, fragt man nur die Kinder danach. Die kennen nämlich die Schnuller und ihre entsprechenden Besitzer allesamt.

Bedenken wir außerdem, dass die Jüngsten ihr Immunsystem noch aufbauen müssen. Sie werden also natürlicherweise häufiger krank als ältere Kinder. Es scheint so zu sein, dass Kinder, die mit Schmutz und Tieren in Berührung kommen, einen größeren Schutz vor Infektionen und Allergien aufbauen. Versuchen wir also, locker zu bleiben.

Die Kinder drehen und wenden, betrachten und untersuchen die Dinge. Sie wollen verstehen, wollen durch das Greifen begreifen, wollen einsehen können. Deshalb sollte ihr Spielzeug durchschaubar und seine Funktion erkennbar sein.

Gern zeigen Kleinstkinder auf den Gegenstand, der sie interessiert. Diese Zeigegeste wird oft von einem Ausruf wie »Da!« begleitet und möchte unmittelbar beantwortet werden. Das Kind blickt den Erwachsenen an, gemeinsam schauen beide dann zum gezeigten Gegenstand. Und diesen soll der Erwachsene nun benennen. Die Dinge bekommen Namen, Sprache entwickelt sich. Sie ist eine äußerst bedeutsame Fähigkeit der Spezies Mensch.

Junge Kinder beginnen nach den handgreiflichen und sprachlichen Erfahrungen, auch Abbildungen der dinglichen Welt zu erkennen und haben große Lust, diese zu benennen. Immer wieder wird auf das Abbild im Buch gezeigt und die Dinge werden beim Namen genannt. Erst später werden dann dazugehörige Geschichten und Texte interessant.

Auch die Spiele, die mit dem Nachmachen einfacher Tätigkeiten beginnen, entwickeln sich weiter. Das kleine Kind tritt als wildes Tier auf. Es ist ein Tiger und der macht »Grrr!«. Oder es schnurrt wie ein Kätzchen oder bellt wie ein Hund. Oder es gibt Petersilie vom Boden zu fressen, wie

damals, als meine kleinen Nachbarinnen Malou und Nadescha als Pferde zu Besuch kamen. Das Kind identifiziert sich also mit etwas, es ist das Tier. Danach entstehen erste Rollenspiele, die Kinder benutzen etwas »als ob«, sie können Dinge zweckentfremden. Da kann ein Stock eine Säge sein. Ein Hocker wird zum Reitpferd. Auch ein Kind kann diese Rolle übernehmen und munter durch die Welt galoppieren. Diese Spiele entwickeln sich weiter und werden zu komplexen Rollenspielen, die immer mehr durch Sprache ausgedrückt werden. Große Kindergartenkinder können dann schon fast vollständig auf Handlungen verzichten. Sie spielen Rollenspiele vor allem, indem sie miteinander reden und sich etwas zusammen gedanklich vorstellen und verbal ausmalen: Was für ein toller Entwicklungsweg spielt sich da vor unseren Augen ab, sie werden schulreif! Schreiben und Lesen lernen wird dann interessant und ist »nur noch ein Kinderspiel«.

Wenn wir Lernprozesse initiieren, die Kinder interessieren und begeistern, sind verschiedene Ebenen beteiligt: Verstand, Körper und die Erfahrung von Sinnhaftigkeit. Sie gehören zusammen, bereichern sich gegenseitig, setzen Lernprozesse in Gang und machen sie lebendig. Hier können erste Aufgaben im pädagogischen Alltag abgeleitet werden, die diese ganzheitlichen Prozesse unterstützen.

?

Fragen an die Pädagogin

Beobachten: Welche Interessen verfolgt ein Kind?
Wissen der Entwicklungspsychologie: Was sind die Themen in seinem Entwicklungsalter?
Räume schaffen: Welches Material ist für Spiel und Bewegung notwendig?
Reagieren: Möchte das Kind gesehen werden? Kann ich mich bei Erfolgen mitfreuen und sie benennen? Sind Missgeschicke erlaubt und kann das Kind selbst Lösungen finden?
Planen: Welche Fähigkeiten entwickeln sich und was braucht das Kind morgen?

Das zu Beginn des Kapitels beschriebene Spiel mit den Händen und ihrer Koordination kann man auf den ganzen Körper und die gesamte Bewegungsentwicklung übertragen. Freie Bewegungen sind nur möglich, wenn das Kind Zeit und Raum hat. Es braucht bequeme Kleidung und dafür sind in erster Linie die Eltern zuständig. Eine Möglichkeit, ihnen die hohe Bedeutung von angemessener »Arbeitskleidung« deutlich zu machen, geben die Erzieherinnen Swantje und Jenny mit einem Brief an die Eltern weiter:

Liebe Eltern!

Wir möchten Sie und uns fragen:
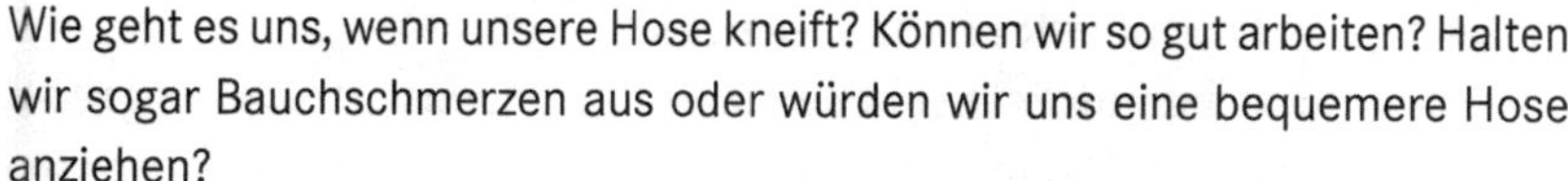
Wie geht es uns, wenn unsere Hose kneift? Können wir so gut arbeiten? Halten wir sogar Bauchschmerzen aus oder würden wir uns eine bequemere Hose anziehen?
Sind wir nicht alle genervt, wenn wir drei Schritte aus dem Haus gehen und merken, dass unsere Socken von den Fersen in den Schuh rutschen?
Fühlen wir uns mit einem viel zu großen Pullover, der ständig von der Schulter rutscht, wohl?
Genau zu diesen Fragen haben wir die für uns passenden Antworten gefunden:
Auch bei den Kindern können wir beobachten, dass sie durch falsche Kleidung in ihrer Entwicklung eingeschränkt werden.
Bereiche wie Selbstständigkeit und Sauberkeitserziehung werden eingeschränkt. Ein sehr bedeutsamer Schlüssel für das kindliche Lernen ist die freie Bewegung. Diese wird durch unbequeme Kleidung verhindert.
Um den Wissensschatz ihrer Kinder zu erweitern, erwarten wir, dass Sie ihnen bequeme, passende, bewegungsfreundliche Kleidung anziehen. Oder geben Sie Lern- und Arbeitskleidung mit in die Einrichtung:
»Also nichts wie rein in die Jogginghose oder Leggings und viel Spaß beim Entdecken!«
Ihr Krippenteam

Zur Bekleidungsfrage gehört auch ein Blick auf die Füße. Worin läuft das Kind? Wenn die Kinder selbst entscheiden könnten, würden sie sehr viel barfuß laufen. Sie scheinen zu wissen, dass sie so sicheren Halt und das beste Gefühl für die Umgebung bekommen. Als ich dreijährige Mädchen fragte, wie das denn jetzt war, nachdem ich ihnen erlaubt hatte, Schuhe und Strümpfe auszuziehen, sagte eine ganz spontan: »Das tlebt besser!« Nun wird dieser Halt, den sie als Kleben bezeichnete, oft von Erwachsenen übersehen, da man sich Sorgen macht, dass die Kinder kalte Füße bekommen. Hier dazu ein ganz praktischer Rat: Bitten Sie das Kind um eine Überprüfung. Sagen sie ihm, dass Sie es gern an seinen Nacken fassen möchten, um feststellen zu können, ob es warm genug ist. So ist leicht zu ermitteln, ob der Rumpf warm ist, denn das sollte er immer sein. Füße und Hände sind oft kühler und wenn dies immer noch Sorge bereiten sollte, sind Stulpen für Hände und Füße eine einfache Lösung! Ein kleines Kind wird eher aufhören, sich zu bewegen, und damit auch aufhören, zu lernen, als dass es mitteilen würde, dass es ihm zu warm sei, und dass es etwas ausziehen möchte. Diese Einschätzung kann es noch nicht vornehmen.

Auch die richtige Schuhgröße ist zu beachten. Die Eltern sind hier bei Bedarf dahingehend zu beraten, dass passendes Schuhwerk dem Kind gute Bewegung und damit gutes Lernen ermöglicht.

Kinder brauchen neben bequemer Kleidung einen festen Untergrund, einen ausreichenden Raum und anregende Möglichkeiten, um ihre Bewegungsentwicklung erfolgreich machen zu können.

»Die Erde schenkt uns mehr Selbsterkenntnis als alle Bücher, weil sie uns Widerstand leistet« schreibt Saint-Exypery (1999, S. 9). Die Schwerkraft hält uns Menschen auf der Erde. Jede Bewegung nach der Geburt ist ein Arbeiten gegen diese ungeheure Kraft. Es verlangt viel Training, um Muskeln auszubilden und Geschicklichkeit für die Vielfalt der Bewegungen zu entwickeln. Wir brauchen einem Kind allerdings nicht helfen, indem wir es führen oder aufsetzen. Es wird allein laufen lernen. Es ist schädlich, wenn Kinder Bewegungen machen sollen, für die ihr Muskelkorsett noch nicht ausgebildet ist. Allerdings braucht es eine geeignete Umgebung. Sie zu schaffen, ist die Aufgabe der Erwachsenen. Kinder, die schon früh viel Zeit in Babyschalen, in Gefährten, auf dem Arm verbringen oder viel an Tischen sitzen müssen, können nicht genug üben, um Balance und Sicherheit in ihren Bewegungen zu erreichen. Alle Kinder brauchen die Erlaubnis, sich den verschiedensten Bewegungsübungen zu widmen. Gut gemeinte Hinweise wie »Komm da runter. Pass‘ auf, du fällst gleich! Das ist zu hoch, ich helfe dir.«, wirken eher verunsichernd und erhöhen das Risiko. Ein Kind, das sich in seinem eigenen Tempo seinen eigenen Aufgaben widmet, merkt, wann es an eine Grenze kommt. Es wird beharrlich versuchen, diese Grenze durch Wiederholungen zu überwinden und in seiner Entwicklung voranzuschreiten. Es stellt sich neuen Aufgaben und versucht, diese mit Geduld und Ausdauer zu bewältigen.

Manchmal berichten Pädagoginnen, dass Kinder sich nicht in dieser Weise verhalten können, weil sie zu viel Hilfe und Beibringen erfahren haben. Sie sind gehalten, geführt, hingesetzt worden. Bei kleinsten Schwierigkeiten wurde ihnen deren Überwindung abgenommen. Sie sind diese Begleitung so gewohnt und bekommen Angst, wenn sie die gewohnten Hilfen nicht bekommen. Hier gilt es, vorsichtig Angebote durch die Raumgestaltung zu machen und Kinder mit Blicken und Beschreibungen ihrer Bewegungen zu begleiten. Es ist Geduld gefragt – die Kinder werden die Freude an der freien Bewegung entdecken, die Wurzeln dazu liegen in ihnen!

Einfühlungsübung
Stell dich mal auf einen Stuhl und genieße den Überblick, den du nun hast. Wenn du genug geschaut hast, steige, klettere, springe runter – ganz so wie es gerade zu dir passt.
Nun steige noch mal auf den Stuhl und eine Kolleg*in hilft dir runterzukommen. Sie ist ganz besorgt, dass dir etwas passieren könnte und verhält sich entsprechend.
Wie fühlst du dich?

Außerdem wird mit dem überbehütenden Verhalten verhindert, dass ein Kind ein Gefahrenbewusstsein entwickeln kann. Kinder brauchen viele Jahre, um Gefahrensituationen einschätzen zu können. Wahrnehmung und Motorik müssen entwickelt werden, ihre Koordination und das Erkennen von logischen Zusammenhängen müssen erlernt werden. Bei Kleinkindern ist z. B. das Sehfeld noch nicht fertig ausgebildet, ihre Reaktionszeit ist länger und der Hörradius ist kleiner als bei Erwachsenen. Das ist bei der Kommunikation mit den Kindern zu berücksichtigen. Wenn wir Kinder jedoch vor allen herausfordernden Bewegungen schützen, erschweren wir die Entwicklung einer eigenen Empfindung der körperlichen Fähigkeiten. Kinder, die sich frei bewegen können, entwickeln viel Umsicht und Vorsicht im Umgang mit den sich ihnen bietenden Möglichkeiten. Sie scheinen instinktiv Gefahren wahrzunehmen und zu vermeiden. Dazu brauchen sie jedoch eine sichere Umgebung, anregende Ausstattung und viel Zeit, sich ausprobieren zu können. Die Zeit! Zeit für die Pflege und das freie Spiel und die freie Bewegung entstehen nur, wenn die Tagesstruktur sehr genau geplant ist und die Gewichtungen ausbalanciert sind. Dazu mehr im 6. Kapitel.

Jedes Kind wird lernen, sich zu drehen, zu sitzen, zu laufen, Treppen zu steigen. Die Qualität des Prozesses dorthin ist entscheidend. Hier geht es nicht nur um Bewegungs- und Spielentwicklung. Kinder lernen hier unglaublich viel. Es macht einen Unterschied, ob Kleinkinder erfahren, dass sie im Leben eingeschränkt und abhängig von anderen sind, oder ob sie sich selbstständig, stark und frei fühlen können. Die Art und Weise, wie sie mit Herausforderungen und Problemen umgehen dürfen, prägt ihre lebenslange Lernhaltung mit:

- Wenn ein Kind wiederholen darf, wird es daran Freude haben, etwas Gleiches oft zu tun und z. B. leichter Vokabeln lernen können.
- Wenn ein Kind festen Boden spürt und frei laufen lernt, wird es das

Gefühl haben, sicher mit beiden Beinen auf der Erde zu stehen, sich standfest zu fühlen und Standpunkte vertreten zu können.

- Wenn ein Kind sich zu- und abwenden darf, wird es sich und anderen respektvoll begegnen, eigene und fremde Grenzen akzeptieren können.
- Wenn ein Kind sich auf wackligen und unsicheren Untergründen bewegen darf, wird es Balance entwickeln und sich im Leben ausbalancieren können, wird es auch Krisen und Unsicherheiten leichter bewältigen.
- Wenn ein Kind im Kreis und Strecken rennen darf (und dabei manchmal vor Lust schreien darf), wird es lernen, dass es Aufgaben rund macht und (Durst-)strecken bewältigen und Dinge zu Ende bringen kann.
- Wenn ein Kind sich drehen und durchwinden darf, kann es sich auch mal aus unangenehmen Situationen rauswinden.
- Wenn ein Kind auf Bäume klettern darf, wird es Stolz, Mut und Zutrauen entwickeln und die Liebe zu Bäumen empfinden.
- Wenn ein Kind frei basteln, malen, gestalten kann, wird es sich kreativ ausdrücken können und fantasievoll werden.
- Wenn ein Kind über etwas klettert und eine Grenze überwindet, wird es weniger Angst vor Hürden im Leben haben.
- Wenn ein Kind selbstständig Entdeckungen macht, wird es stolz und engagiert werden.
- Wenn ein Kind etwas loslassen, etwas schmeißen, etwas umstoßen darf, wird es Überflüssiges im Leben loslassen können.
- Wenn ein Kind etwas ergreifen darf und es festhält, wird es im Leben halten können, etwas behalten können und treu sein können.
- Wenn ein Kind ausdauernd etwas Neues probiert, wird es dranbleiben können, nicht schnell aufgeben und offen und neugierig sein.

Die Qualität der Erfahrungsmöglichkeiten legt Grundlagen des Denkens und Fühlens und des Erfassens der Welt.

> »Zu Beginn des Lebens steht das Erfahrungslernen im Mittelpunkt und beinhaltet immer auch eine ›Logik des Erfahrungsdenkens‹. Es geschieht, eingeschlossen in den individuellen Handlungsverlauf und leitet das Tätigsein, ohne dass es bewusst werden muss. Alltagserfahrung ist eine Theoriebildung über die Welt, und diese geschieht nicht in logischen Kausalzusammenhängen. Unbewusst werden Bedeutungen durch Emotionen mit individuellem Charakter aufgebaut.« (Regel/Ahrens 2016, S. 20)

Freie Bewegung hat also ein umfassendes Selbstbildungspotenzial. Die Praxis dieser von Reife und Interesse des Kindes selbstbestimmten Bewegungsentwicklung wurde schon Anfang des zwanzigsten Jahrhunderts von Emmi Pikler in ihrem Buch »Lasst mir Zeit« erforscht und dokumentiert (Pikler 2001).

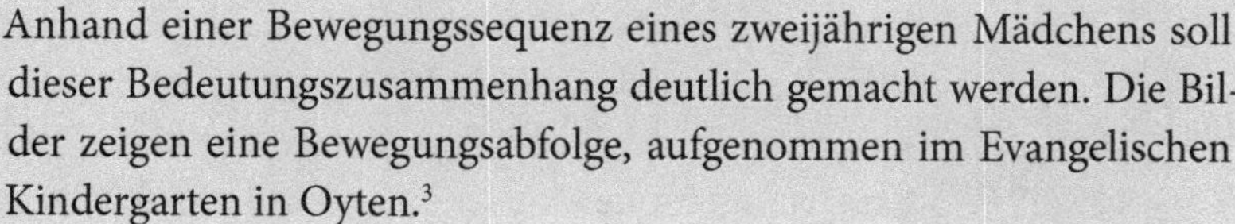

Ein Beispiel

Anhand einer Bewegungssequenz eines zweijährigen Mädchens soll dieser Bedeutungszusammenhang deutlich gemacht werden. Die Bilder zeigen eine Bewegungsabfolge, aufgenommen im Evangelischen Kindergarten in Oyten.[3]

Dieses kleine Mädchen ist sicher in seinen Bewegungen. Nela hat dieses Dreieck mit Rutsche schon oft benutzt. Das ist daran zu erkennen, dass sie mit einem Riesenschritt die Stufen der Leiter nimmt und mit dem rechten Bein schon den Übertritt ansetzt. Eine anstrengende und herausfordernde Bewegung – gilt es doch im Gleichgewicht zu bleiben und mit viel Kraft vorzugehen. Der Körper scheint die Bewegung zu kennen, freudig schaut das Kind in die Zukunft, auf sein Ziel. Dieser Bewegungsablauf wirkt ganz selbstverständlich und scheint dem Kind Freude zu machen. Er wirkt leicht und elegant. Das Kind hat Bewegungsintelligenz ausgebildet.

Junge Kinder, die laufen können, wollen »hoch hinaus«. Sie wollen klettern, etwas erklimmen oder Treppen steigen. Alles, was diese Bewegungsformen ermöglicht, ist für sie sehr interessant und trifft ein wichtiges Thema in dieser Entwicklungsstufe. Die im Beispiel erwähnte Dreiecksleiter mit Rutsche hat genug Platz, steht frei und sicher im Raum. Gleichzeitig ist das Gerät variabel und flexibel, kann leicht verändert werden und auch seinen Platz wechseln. Die Kinder können es jederzeit nutzen, das Angebot entspricht damit ihrer Art des Lebens: Sie leben im »Hier und Jetzt«. Sie sollten Möglichkeiten haben, für sie (zunächst noch) komplizierte Bewegungs-

3 Dieses Beispiel erscheint noch ausführlicher in: Drüner, A.: Hoch hinaus und für andere da sein! Freie Bewegung macht Kinder klug, gesund und sozial. In: E. Botzum/R. Remsperger-Kehm (Hg.): Betreuung von Kleinstkindern. Qualität von Anfang an in Krippe, Kindergarten und Kita. Köln/Kronach.

abläufe oft wiederholen zu können, um sie zu verfeinern und zu erweitern. Das wiederum braucht Zeit, denn erst dann entsteht die dafür notwendige Konzentration.

Das kleine Mädchen ist barfuß und bequem angezogen. Der Fuß findet leicht Halt auf dem Holz der Dreiecks-Rutsche.

Die kleine Nela hat sich gerade leicht, kraftvoll und elegant bewegt. Nach der Anstrengung des Hochkletterns und des Überstiegs sitzt sie eine kleine Weile ganz ruhig auf der Rutsche. Sie kann einen Moment innehalten. Vielleicht genießt sie den Erfolg oder ruht sich aus? Vielleicht auch beides? Sie sitzt aufrecht und ist durch den Griff ihrer Hände gut gesichert. Sie schaut in die Weite und wirkt zufrieden. Ein Anflug eines Lächelns liegt auf ihrem Gesicht.

Momente, in denen das Erreichte bewusst werden kann und dann Stolz und Freude auslöst, sind kostbare Integrationsmomente. In ihnen wird etwas Neues verankert, sie führen zu Wachstum und Identität: »Ich probiere etwas – ich kann etwas – ich weiß, dass ich es kann – ich bin eine, die etwas kann!«

Solche Momente sollten nicht von einem »Rutsch doch bitte runter, die anderen wollen auch!« unterbrochen werden – selbst ein Lob »Toll, dass du da oben bist.« könnte in diesem Moment eine Störung sein. Diese Augenblicke des Verarbeitens und der Integration, und damit der Entwicklung von neuen Fähigkeiten, brauchen Zeit.

Gewonnene Einsichten bilden als Erfahrungswissen ganz reale Grundlagen für das spätere, abstraktere Lernen. Die Kinder dürfen auch Spielzeuge (z. B. Plüschtiere) mitnehmen, wodurch sich ihre Fähigkeiten noch erweitern. Nach dem kurzen Moment des Innehaltens geht es bei Nela weiter:

Eine Idee wird umgesetzt: Wenn das Rutschen mir selbst solche Freude macht, dann sollen auch andere daran teilhaben. Engagiert wird das erste Kuscheltier auf Fahrt geschickt. Und? »Oh!« Die kurze Rutschfahrt des Schafs löst leichtes Erstaunen aus. Es rutscht zur Seite und fällt runter. »Aha, so, hmm«, Nela schaut hinterher. Sie hat genau beobachtet und nun scheint sie darüber nachzudenken, was da geschehen ist.

Solche Momente sind wunderbare und großartige Selbstbildungsprozesse. Durch selbstmotiviertes Tun und dessen Folgen kommt hier ein Mensch »wie von selbst« zu eigenen Erkenntnissen. Deren Vielfältigkeit können wir nur durch Beobachtung oder kleine Gespräche erahnen. Naturwissenschaftliche Bedingungszusammenhänge gehen hier mit einer emotionalen inneren Bewegung eine erkenntnisreiche Beziehung ein. Das Kind kann sich daraufhin gedanklich zum Beispiel mit verschiedenen Themen befassen: Wo ich etwas wie loslasse, hat etwas mit der Art und Weise zu tun, wie es rutscht. Und vielleicht auch damit, wohin es sich bewegt. Oder: Mein Schaf fällt runter, das ist mir auch schon passiert, ich hole es gleich wieder. Hat es sich »Aua« gemacht?

Kein Kind gibt sich mit einem einmaligen Versuch zufrieden. Hier wird probiert, geforscht, verfeinert, geübt, erweitert.

Nun lässt Nela das Schaf wieder rutschen. Hat sie die gewonnenen Erfahrungen vom vorherigen Mal schon verarbeitet und achtet auf ihre Bewegung, die das Schaf gerade runter rutschen lassen soll?

Das junge Kind ist ein Wiederholungstäter! Wie wunderbar, wenn es das darf. Neuronale Verbindungen werden durch Wiederholung gebildet, Bewegungsmuster können so internalisiert werden und bekommen eine Selbstverständlichkeit.

Kinder wirksam sein zu lassen heißt auch, dass Pädagoginnen Eingriffe, die von ihnen ausgehen, möglichst reduzieren, auch wenn es nicht immer leichtfällt, darauf zu verzichten, mitzuspielen und Verbesserungsvorschläge zu machen. Gleichzeitig: Solch ein Verhalten fällt leichter, wenn Pädagoginnen über ein Bewusstsein von der Qualität dieses Erlebens verfügen und Respekt für diese selbstständigen Lernvorgänge bei Kindern haben. Außerdem können sie sich an der großen Konzentration der Kinder erfreuen und staunen, dass so junge Kinder schon so komplexe Bewegungsabläufe beherrschen. Konzentriert spielende und sich bewegende Kinder bringen außerdem eine Atmosphäre von Ruhe und Zentrierung in die Gruppe.

Bei Nela heißt es »Weiter gehts!« Zuerst rutschen die anderen, hier die Schafe, denn sie brauchen Hilfe. Dann klettert Nela hinterher!

Das junge Kind ist in der Lage, soziale Zusammenhänge zu sehen und Situationen zu erkennen, in denen andere Hilfe brauchen. Es kann Fähigkeiten anderer einschätzen, seine eigenen Bedürfnisse zurücknehmen und anderen gegenüber hilfsbereit sein. Tiefe soziale Beziehungen werden von jungen Kindern als Erfahrung gebraucht, aber auch von ihnen weitergegeben.

Nun sind alle, die Schafe und das kleine Mädchen, unten angekommen. Fast sieht Nela etwas verloren aus. Schaut sie, ob jemand ihr Tun gesehen hat?

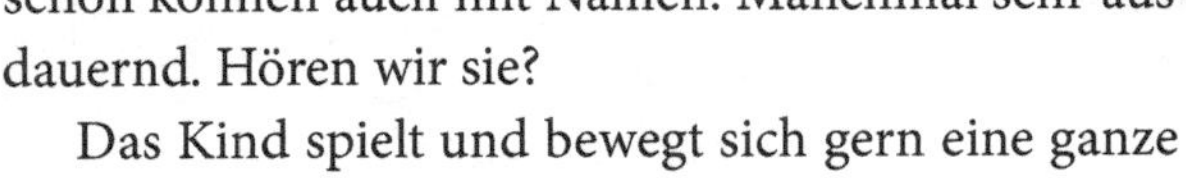

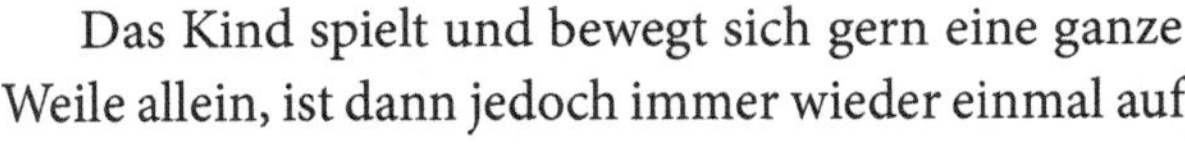

Kinder rufen Erwachsene oft mit Blicken. Wenn sie es schon können auch mit Namen. Manchmal sehr ausdauernd. Hören wir sie?

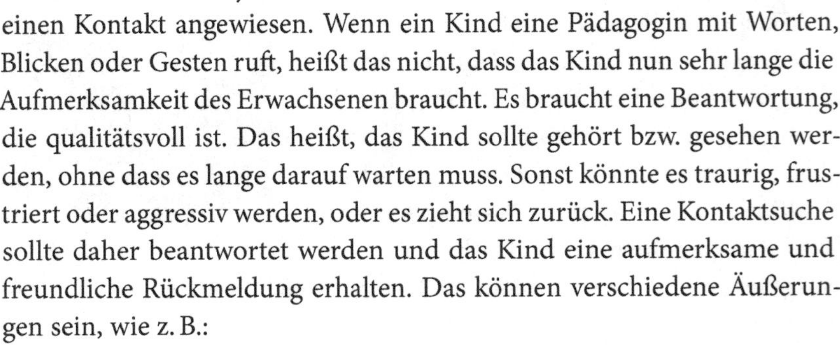

Das Kind spielt und bewegt sich gern eine ganze Weile allein, ist dann jedoch immer wieder einmal auf einen Kontakt angewiesen. Wenn ein Kind eine Pädagogin mit Worten, Blicken oder Gesten ruft, heißt das nicht, dass das Kind nun sehr lange die Aufmerksamkeit des Erwachsenen braucht. Es braucht eine Beantwortung, die qualitätsvoll ist. Das heißt, das Kind sollte gehört bzw. gesehen werden, ohne dass es lange darauf warten muss. Sonst könnte es traurig, frustriert oder aggressiv werden, oder es zieht sich zurück. Eine Kontaktsuche sollte daher beantwortet werden und das Kind eine aufmerksame und freundliche Rückmeldung erhalten. Das können verschiedene Äußerungen sein, wie z. B.:

»Ich habe gesehen, wie du mit den Schafen gerutscht bist.«
»Ich freue mich, wie du die Schafe hast rutschen lassen.«
»Du kletterst sehr geschickt.«
»Ein Schaf ist runtergefallen, das andere ist ganz runtergerutscht wie du.«
»Alle sind unten. Bist du nun etwas müde? Möchtest du dich ausruhen?«

Das große Feld der handlungsbegleitenden Sprache bietet viele Möglichkeiten, mit dem Kind zu sprechen. So bildet es auch seine verbalen Möglichkeiten weiter. Verzichtet werden sollte jedoch auf bewertende und beeinflussende oder gar beschämende Bemerkungen und Fragen wie z. B.:

»Wenn du das Schaf gerade aufsetzt, fällt es nicht runter!«
»Soll ich dir beim Hochklettern etwas helfen?«
»Wir nehmen kein Spielzeug mit auf das Dreieck.«
»Jetzt hör mal auf, du bist ja ganz müde. Nicht, dass noch was passiert.«
»Nun ist gut, hör mal auf, die anderen wollen ja auch mal.«
»Super, toll, mach noch einmal!«

Solche Bemerkungen legen im Kind ein Selbstbild an, das sich am Vergleichen, am Besserwerden und am Müssen orientiert. Es lenkt von der eigenen Körperwahrnehmung und dem selbstständigen Tun ab.

> »Wie bereitwillig Rumpf und Glieder, Atmung und Stimme reagieren, sobald wir sie im lebendigen Zusammenhang gebrauchen. Ein sinnvoller Gebrauch beruht in erster Linie auf einer vertrauensvollen Einstellung. Es zeigt sich, dass nicht nur einige Auserwählte oder Begabte in diesem Sinn funktionieren können, sondern wir alle, um welche Leistungen es sich auch handeln mag.« (Hengstenberg 1991, S. 20)

Kinder befinden sich in einer solchen intensiven Spiel- und Bewegungssequenz in verschiedenen Zuständen der Spannung und Entspannung. Ein besonderer Teil der Forschung von Emmi Pikler wird in dem Film »Die Aufmerksamkeit des Säuglings während des Spiels« dargestellt (Pikler-Lozcy Assoziation 2012). Der Film zeigt verschiedene Formen der Aufmerksamkeit, in denen Kinder spielen und sich bewegen. Diese Aufmerksamkeiten erfüllen verschiedene Funktionen. Im Folgenden möchte ich sie benennen und besonders auf die Form der Pause hinweisen. Die Pause nämlich, das Ausruhen, wird zu den vier Aufmerksamkeitsformen dazugezählt. Zum guten Spiel gehören hier auch das Nichtstun und das Ausruhen. Kinder, die sich in dieser Form befinden, liegen nicht zwingend im Bett. Sie laufen auch manchmal ziellos herum, schauen aus dem Fenster, sitzen nur da. Vielleicht kennen Sie die Figur Hermann von Loriot, der wiederholt zu seiner Frau, die ihn gern beschäftigen möchte, sagt »Ich möchte einfach nur hier sitzen« (Loriot 1977). Oder Astrid Lindgren, die in ihrem Tagebuch schrieb: »Und dann muss man ja auch noch Zeit haben, einfach dazusitzen und vor sich hin zu schauen« (Lindgren 1964).

Die erste Aufmerksamkeit im Spiel wird frei schweifende oder geteilte Aufmerksamkeit genannt. Das Kind wendet sich dann dem zu, was von außen auf es zukommt, z. B. ein rollender Ball, Rufe, Geräusche. Oder es hat sich nach innen gerichtet, ein eigenes Bedürfnis verspürt und beschäftigt sich aus diesem heraus mit etwas.

In der zweiten aktiven Aufmerksamkeitsform ist das Kind mit einer Sache beschäftigt, bei der es bleibt und bei der es sich nicht unterbrechen lässt. Bewegungen und Erfahrungen werden wiederholt, geübt, vervollkommnet und internalisiert.

Mit der dritten Aufmerksamkeit entdeckt das Kind etwas Neues. Es entsteht eine hohe Konzentration, das Kind spielt zielgerichtet und vertieft. Es entdeckt Fakten und Zusammenhänge und möchte etwas bewirken. Es befindet sich in einer kognitiven Auseinandersetzung, es forscht und erlernt neue Fähigkeiten.

Die vierte Aufmerksamkeit habe ich schon benannt: Ausruhen, Pausen, Erholung. Alle Aktivitäten werden immer wieder von Ruhephasen abgelöst, es sind geistige Spaziergänge, Träumereien, Nichtstun und Pausen.

Alle vier Aufmerksamkeitsformen treten ungefähr gleichlang auf und wechseln sich stetig ab.

Die Einschätzung, dass es heute vielen Kindern an Konzentration und Ausdauer fehle, lässt mich fragen, in welcher Weise wir gute Bedingungen für solche Lernprozesse schaffen? Das Zusammenspiel von angelegtem Interesse und Angebot der Umwelt spielt hier die entscheidende Rolle. Hat das Kind Zeit zum ausgiebigen Spiel und Ruhen, können wir die verschiedenen Formen der Aufmerksamkeit und damit intensive Lernprozesse beobachten. Unter solchen Bedingungen werden Konzentration, Aufmerksamkeit und Lernfreude entstehen. Und wie lernen wir selbst?

?

Fragen an die Pädagogin

Sind wir neugierig?
Spüren wir innere Antriebe?
Üben wir gern?
Chillen wir mal?

Manchmal fühlen sich Pädagoginnen von Eltern durch deren Ansprüche an Bildungsangebote für ihre Kinder unter Druck gesetzt. In diesem Fall geht es auch Teams besser, wenn sie sich auf ihr Kerngeschäft berufen. Die Möglichkeiten und die Grenzen des pädagogischen Angebotes der Einrichtung sollten mit den Eltern kommuniziert und deutlich gemacht werden. Den Eltern gibt es Orientierung und Sicherheit, wenn ihnen vermittelt wird, was in der Arbeit mit den jungen Kindern wirklich wichtig ist. Ein klares und fundiertes Konzept, das gemeinsam nach außen getragen wird, gibt Sicherheit und ermöglicht Zeit für intensive Kontakte zum einzelnen Kind.

Druck kann auch durch Erwartungen von Vorgesetzten, von Kolleg*innen oder durch die eigenen Vorstellungen entstehen. Das können Vorstellungen von dem sein, was dem Kind möglichst früh beigebracht werden muss, damit es die Schulreife erlangt. Teilnehmer*innen meiner Kurse, die ich frage, wie sie selbst am meisten und besten gelernt haben und schulreif wurden, antworten wie folgt und definieren damit gute Lernbedingungen:

- Wenn das Lernen spielerisch, visuell, praktisch war.
- Wir haben viel von Gleichaltrigen gelernt.
- Ich lerne leicht von Menschen, die ich mag (Oma, Superlehrer …).
- Wenn ich viel durfte, mir was zugetraut wurde.
- ohne Kontrolle der Erwachsenen.
- Wenn ich eigenverantwortlich sein konnte.
- in und von der Natur.
- Wenn eigenes Interesse zugrunde lag.
- Wenn ich frei entscheiden konnte, was ich tun und lernen wollte.
- Wenn man etwas gemeinsam tat, wie essen, schlafen, was unternehmen.

Als störend und hinderlich für eigene Lernprozesse wurden immer wieder folgende Erfahrungen benannt:

- Kontrolle.
- Gewalt, Zwang, Strenge.
- Druck, Erwartung, »du musst«.
- unsympathische, negative Leute.
- zu viel Verantwortung.
- Wenn ich als einzelner Mensch nicht gesehen wurde, Desinteresse.
- Wenn die Gruppe, in der ich lernen sollte, zu groß war.
- Lernen ohne Motivation, ohne Interesse, Gleichmacherei.

Wenn wir diese Aussagen ernst nehmen, können wir damit eine gute Überprüfung der eigenen Berufspraxis erheben: Ist es Zwang, wenn Kleinstkindern der Nuckel weggenommen wird oder die Erwachsenen entscheiden, wann er zu haben ist? Ist es Druck, wenn ein junges Kind versuchen soll zu schlafen? Ist es nicht zu viel Kontrolle, wenn der Tagesablauf für alle und alles genau getaktet ist? Ist es eine gute Lernbedingung, wenn alle zur gleichen Zeit das Gleiche machen müssen? Wird das Kind als Individuum betrachtet, obwohl es noch nicht trocken ist? Wie sieht es mit den »Angeboten« aus, müssen alle gleichzeitig Laternen basteln? Ist eigene Motivation des Kindes dabei, wenn alle jetzt rausgehen sollen? Unterbricht der Morgenkreis intensives Spiel? Wir können auch die eigene Haltung zum Lernen der Kinder einschätzen und entwickeln.

Fragen an die Pädagogin

Wann erlebst du Respekt vorm Lernen der Kinder?
Wann staunst du »Wow, wie sich das Kind anstrengt, wie interessiert es ist, wie erfreut, weil es Zusammenhänge versteht, sich übt, etwas kann …«?
Wann erlebst du diesen Respekt für dich selbst und bringst ihn Kolleg*innen entgegen?
Bist du bereit, die Abläufe nach den Interessen der Kinder auszurichten?
Vertraust du ihren Lernprozessen?

Bei der selbstständigen Bewegung und im freien Spiel ist nicht nur die Qualität der schönen Bewegung und des intensiven Spielflusses des Moments von Bedeutung. Ein Kind erlebt hier Antworten auf entscheidende Fragen: »Wer bin ich? Was kann ich? Wie bin ich in meinem Körper? Welche Rückmeldungen habe ich?« Und: »Kann ich dieser Rückmeldung folgen? Oder bin ich anderen Menschen ausgeliefert? Wie gehe ich mit mir selbst um?« Hier entstehen grundsätzliche Haltungen, Gefühle und Qualitäten sich selbst und dem Leben gegenüber, die später auch für den Erwachsenen von Bedeutung sind.

Am Ende dieses Kapitels noch einmal der Hinweis, dass die Qualität des frühkindlichen Lernens vor allem von der Gestaltung einer Beziehung mit guten Bindungsqualitäten abhängt. Kein Kind kann lernen, wenn es innerlich unruhig ist, wenn es Zuwendung braucht. Das ist vorrangig und stets vor alle Bildungsziele zu setzen. Ohne gute Beziehungen und ohne gute Versorgung keine Bildung.

Manchmal bin ich erstaunt, wie ausdauernd Kinder dies einfordern und lange wiederholt nach einem Erwachsenen verlangen. Auch macht es mich manchmal traurig, wenn darauf nicht oder genervt reagiert wird. Sicher oft ein Zeichen von Überforderung. Allerdings wird das Kind sich nicht allein beruhigen können, obwohl es manchmal so erscheint. Es wird sich vielmehr zurückziehen, Leid erleben und nicht gut spielen und somit auch nicht gut lernen können.

Durch gelingende Beziehungen und während einer befriedigenden Versorgung erlebt das Kind schon außerordentlich viel Bildung. Den Rest erledigt sein Spiel- und Bewegungstrieb. Hierfür braucht es weder zeitlich geplante Angebote noch Erziehungsziele, sondern liebevolle ruhige Achtsamkeit. Wenn die Erzieherin ihre Rolle in diesem Sinne ausfüllt, die Kinder selbsttätig spielen und lernen lässt, hat sie viel zu tun. Arjeta, Erzieherin, beschreibt das so:

Als ich verstanden hatte, was ein neuer Weg in der Begleitung von kindlichem Spiel sein kann, wurde mir klar, dass es mehr Arbeit ist! Ich habe früher oft mit einer kleinen Gruppe ein Angebot gemacht und war dadurch davon entlastet, ständig zu beobachten, ansprechbar zu sein und mir Gedanken zu machen, was die Kinder brauchen. Ich plane ständig und schreibe mir im Laufe des Tages manches auf, was zu besprechen ist und was besorgt und vorbereitet werden muss. Bevor die Kinder kommen, gestalte ich Materialangebote. Aber [sie lächelt und macht große Augen] es ist viel schöner: Ich habe dann auch Zeit für einzelne Kinder, weil die meisten ja gut spielen. Ich erfreue mich daran, dass die Kinder genau wissen, was sie tun wollen. Sie haben tolle Ideen, sie zeigen gern, was sie tun. Wir sprechen darüber, teilen unser Denken. [Dann nachdenklich] Mitspielen brauche ich da nicht, ich stehe nicht im Mittelpunkt wie bei einem Angebot, dass ich mir ausgedacht habe und anleite. Das macht aber nichts, ich sehe wie glücklich die Kinder sind, wie stolz, und dann mache ich mir klar, dass ich es mitgestalte. Erst war ich ja sehr skeptisch [sie lacht], aber jetzt [schaut ganz ernst] bin ich stolz und kompetenter.

5 Leben im Rhythmus oder getaktet von der Angebotsplanung?

Tagesstrukturen und Partizipation entwicklungsnah gestalten

Um eine verbesserte Qualität in der Frühpädagogik zu erreichen, die sich an den Bedürfnissen von Kindern bis drei Jahren orientiert, braucht es angemessene Tagesstrukturen. Sie geben Orientierung und Freiheit. Außerdem ist an die Pädagoginnen zu denken, die diese anspruchsvolle Arbeit leisten. Sie sollten ihre Arbeit mit den Kindern möglichst stressfrei ausführen können. Das ist nur möglich, wenn der hohe Anteil an Pflege und Versorgungsarbeiten, die genannten 80 % der Arbeit, realistisch eingeplant werden. Zudem ist für das kindliche Wohlergehen die prompte Beantwortung ihrer Äußerungen durch Eins-zu-Eins-Kontakte notwendig. Diese Kontakte sind wertvolle wiederkehrende Zeiten, auch um dem Kind Partizipation zu ermöglichen. Das braucht Zeit. Wie lässt sich ein sinnvoller Alltag in der Kita oder Tagespflege gestalten, der im richtigen Takt und lebendigem Rhythmus schwingt? Davon soll nun die Rede sein.

Takt ist ein festgelegtes Maß, das wiederholt abläuft und gleichmäßige Impulse gibt. Rhythmen sind freier, pulsierend und unterschiedlich. Sie machen aus Tönen eine Musik. Sie orientieren sich am Takt. Takt allein ist langweilig. Rhythmus ohne Takt ist Chaos. Eine Tagesstruktur ist wie Musik. Eine gute Mischung aus klaren, sich wiederholenden Abläufen und der Freiheit, die dazwischen entstehenden Räume individuell auszufüllen.

Fragen an die Pädagogin

Wer oder was taktet mich?
Welche Impulse rhythmisieren mein Leben?
Wer dirigiert wen?
In wessen Händen steht meine Zeit?

Wie erleben nun junge Kinder Zeit und Struktur? Wenn man sie nach ihren Vorstellungen von Zeit fragt, entstehen u. a. folgende Dialoge (s. auch Kap. 2):

- »Wann kommt Mama wieder?«
  »Mama kommt nach dem Snack wieder.«
- »Wann gehen wir raus?«
  »Erst frühstücken.«
- »Wann ist Weihnachten?«
  »Noch dreimal schlafen.«

Kleinkinder erleben Strukturen durch die Erfahrung von wiederkehrenden Handlungen. Die Mahlzeiten und die Pflege sind solche Aktivitäten und bilden die sicheren Anker, um sich im Tag zu orientieren. Kinder erleben gern die gleichen Abläufe. Sie mögen es gar nicht, wenn ein gewohnter Ablauf verändert wird. Zum Beispiel nach dem Essen die Hände zu waschen, sich auszuziehen, das Kuscheltier zu holen und dann wird sich hingelegt. So rum und nicht anders, erst wird sich ausgezogen und dann das Kuscheltier geholt. So ist es richtig!

Es ergibt sich eine verstehbare Struktur, die überschaubar ist und damit Sicherheit gibt. Abläufe werden schon von sehr jungen Kindern erkannt. Allerdings entwickelt sich dieses Erfahrungswissen leichter, wenn eine gute Eingewöhnung stattfand und wenn die Strukturen mehrmals vom Kind selbst erfahren wurden. Strukturen und Abläufe werden Kindern aber erst deutlich und bewusst, wenn sie von einem Erwachsenen benannt werden, der sie mit den Kindern erlebt. Sie finden also in Beziehung statt.

Außerdem ist auch an die vielen Mikrotransitionen zu denken.

> »Diese Wechsel machen mehr als die Hälfte des Tagesablaufes aus und sind oft die stressigsten Momente sowohl für Erzieher als auch für Kinder und bringen somit Unruhe in die gesamte Gruppe. Sie können die emotionale Selbstregulation der Kinder massiv beeinträchtigen, da Veränderungen und Unerwartetes bei Kindern im Krippenalter oft noch für Unsicherheit, vermindertes Sicherheitsempfinden und Gefühlsansteckung sorgen. Das kommt daher, dass die Kinder in diesem Alter noch kein ›Drehbuch-Skript‹ für Alltagssituationen entwickelt oder verinnerlicht und gefestigt haben. Krippenkinder haben noch kein ausgeprägtes Zeitgefühl und können somit als kleine ›Zeitreisende‹ verstanden werden, die nicht wissen, was mit ihnen in der nächsten Situation passiert, bzw. ob sie auf der ›anderen Seite‹ des Wechsels noch dieselben sind. Türen haben unter diesen Gesichtspunkten eine

besondere Bedeutung, weil sie Situationen auch visuell unterteilen. Türen können sowohl Angst als auch neugierig machen. Sie stehen für Verbindungen aber auch für Trennungen! Mikrotransitionen lassen sich in drei unterschiedliche Bereiche unterteilen: Raum- und Umgebungswechsel, Personal- und Schichtwechsel und Aktivitätswechsel, wobei es auch Transitionen gibt, die mehrere oder alle drei Bereiche gleichzeitig beinhalten, wie zum Beispiel das Rausgehen oder das Aufwachen.«

Dies schrieb mir Dennis, Krippenpädagoge, der einige wesentliche Aspekte aus Gutknecht/Kramer (2018, S. 8 f.) mit eigenen Gedanken verbindet.

Fragen an die Pädagogin
Wie spreche ich mit Kindern über den Tagesablauf?
Beobachte ich, ob Kinder die Wechsel verstehen, mit ihnen schon vertraut sind? Benenne ich Neues und Vertrautes?
Passen wir im Team die Gestaltung des Tagesablaufs den kindlichen Bedürfnissen an?
Sage ich Bescheid, wenn ich den Raum verlasse?

Tagesabläufe sollten immer wieder von Pädagoginnen auf ihre Sinnhaftigkeit und auf die Anforderungen, die sie an die Kinder stellen, hin überprüft und angepasst werden. Außerdem ist zu hinterfragen, wie viel Raum sie für freie individuelle Varianten zulassen. Dieses soll an folgendem Beispiel deutlich werden:

Die Kinder können vom Essen aufstehen, wenn sie satt sind. Sie dürfen in eine Leseecke gehen und dort sein, bis alle Kinder fertig sind. Nun wird in der Ecke eine Geschichte als Übergang vom Essen zum Schlafen vorgelesen. Dann geht es ins Bad, zum Waschen, Wickeln, Umziehen, um danach in den Schlafraum zu gehen und zu warten bis alle fertig sind, damit ein Schlaflied gesungen werden kann und die Kinder dann »endlich zur Ruhe kommen«.

Hier wird Struktur und Ritual überbetont und Individualität vernachlässigt. Die Wartezeit für einzelne Kinder ist enorm lang, bedenkt man dabei auch, dass sie gerade gegessen haben und wahrscheinlich müde sind. In diesem Zustand können weder Geschichten aufgenommen noch Lieder freudig mitgesungen werden. Dazu bedarf es eines wachen Geistes. Die Situation ist leicht zu verändern:

Die Kinder, die satt sind, können ihr Geschirr aufräumen, wenn sie die Kraft dazu haben und es ihnen Freude macht. Dann gehen sie zu einer Waschstation im Gruppenraum und werden bei Bedarf im Bad gewickelt. Vorbereitete Kisten bieten gute Bedingungen zum Umkleiden. Dann kann sofort in den Schlafraum gewechselt werden. Andere Kinder brauchen für diesen Übergang noch eine kleine Zeit, in der sie sich bewegen oder ein Buch anschauen. Sie sind noch nicht so müde, was kein Problem darstellt. Sie kennen den Weg und den Ablauf und können sich einfädeln. Oder sie werden von der Pädagogin angesprochen, die im jeweiligen Bereich zuständig ist. Manchmal rhythmisiert sich die ganze oder ein Teil der Gruppe und ein gemeinsames Zubettgehen kann angemessen sein. Es bedarf bewusster Beobachtung, um die jeweilig richtige Form zu finden. Eine Gruppe verändert sich im Laufe der Zeit. Die Kinder werden reifer und bewältigen Abläufe selbständiger. Dann sollten sich Strukturen anpassen. Die Struktur dient dem Kind. Niemals sollte ein Kind in einen Tagesablauf gepresst werden, der den Erwachsenen oder äußeren Taktungen dient.

Wenn man bedenkt, dass junge Kinder sich nicht nach der Uhrzeit richten, könnten starre Zeiteinteilungen gelockert werden. Leichte Zeitverschiebungen stören kein Kind, es schaut ja nicht auf die Uhr. Pädagoginnen können sich damit allerdings gewaltigen Stress nehmen und mehr auf die Kinder als auf die Uhr schauen. Gestalten wir kleine und große Übergänge weich und fließend, reduzieren sich Stress und Hektik. Dann wird der Blick auf die Kinder frei und ihre Bedürfnisse rücken in den Vordergrund. Rituale, die dialogisch im Beziehungsraum mit Kindern entstehen, geben ihnen eine lebendige Sicherheit!

Die Tagesstruktur wird durch einen guten Ablauf der Pflege und Versorgung realisiert. Die Kinder brauchen dann nicht noch allerlei vorgegebene Rituale und feste Angebote zu bestimmten Zeiten. Das verwirrt die Kinder eher, weil es zu viel wird. Es reißt sie aus ihren persönlichen Spielprozessen, zu denen sie oft eher zu wenig Zeit haben. Strukturen sollen Klarheit und Orientierung schaffen. Sie geben ein Raster, in dem Freiräume entstehen. Wichtig ist die Qualität dessen, was in diesen Räumen geschieht.

Ein Beispiel

Ich habe einen Tag in einer Stadtkrippe verbracht und die Zeit für die verschiedenen Aktivitäten exakt gemessen. Das Team war sehr stolz, dass jeden Tag rausgegangen wurde. Allerdings mussten hierzu alle Kinder per Wagen auf einen Spielplatz transportiert werden. Die Kinder kamen

also morgens an und folgender Ablauf begann: ausziehen, frühstücken, wickeln, anziehen, in die Wagen setzen, 15 Minuten zum Spielplatz fahren, dabei singen als Bildungsangebot, dort aussteigen, Spielzeug rausholen, einen Schluck trinken, dann spielen, das Ganze zurück, dann Mittagessen usw. Du kannst es dir vorstellen: Die freie Spielzeit für einen ganzen Tag betrug zehn bis zwanzig Minuten. Die Absicht war gut, der Aufwand zu hoch, das Ergebnis fragwürdig und unbefriedigend für alle. Was tun? Wir haben einige Möglichkeiten für Veränderungen gefunden:
Die Eltern bringen die Kinder zum Spielplatz. Frühstück und Wickeln finden im Freien statt. Das geht nur bei gutem Wetter, macht dann aber Spaß! Der kleine unbenutzte Hof der Krippe wird für die Kinder eingerichtet, sodass sie jederzeit an die frische Luft können. So ist immer nur ein Teil der Kinder draußen und der Raum wird gleichzeitig drinnen und draußen genutzt. Der Gruppenraum wird mehrmals am Tag gelüftet.
Es gehen nicht alle Kinder und nicht an jedem Tag zum Spielplatz. Eine kleine Gruppe macht sich auf, die nicht singen muss, es gibt ja genug zu schauen. Manche Kinder wollen auch laufen, auch der Weg ist interessant und ein Ziel. Das macht diesen Ausflug entspannter.
So ergaben sich verschiedene Varianten, die mehr Zeit zum aktiven Lernen für die Kinder bedeuteten. Die Spielzeit hat sich erhöht und die Anspannung für die Pädagoginnen wurde geringer.

In Bewegung und im Spielen finden kindliches Leben und Lernen statt. Aber auch in seiner Pflege und Versorgung möchte es sich bewegen, mittun und dadurch vieles lernen (s. auch Kapitel 3). Ist es hier beteiligt, wird Partizipation mit den Kleinsten gelebt. Das ist nur möglich, wenn es nicht schnell gehen soll, damit noch ein Angebot stattfinden kann.

Einfühlungsübung

Nimm dir eine Uhr, beobachte ein Kind und stelle einen Tag lang fest, wie viel Zeit dieses Kind für freies Spiel und freie Bewegung hat.
An einem anderen Tag kannst du messen und zählen, wie viele Eins-zu-Eins-Kontakte ein Kind während der Pflege über den Tag hat und wie viel Zeit es braucht. Gibst du ihm Möglichkeiten der Partizipation? Stell dir dann vor, dass du dieses Kind bist. Wie geht es dir, bist du ausgefüllt und zufrieden?
Fehlt dir etwas?

Kinder bis drei brauchen keine festgelegten Zeiten, zu denen sie sich mit etwas Bestimmten beschäftigen. Und sie brauchen niemanden, der ihnen zeigt, wofür sie sich interessieren sollen. Kinder sind von Natur aus neugierig und wissbegierig, sie gieren nach dem Neuen und dem Wissen!

Das ist leicht zu erkennen, wenn die Kinder das Material, die Räume und die Zeit bekommen, die ihnen angemessen ist. Dann legen sie los. Das ist das Angebot, das Pädagoginnen den Kindern machen können. Und dann hat man mehr zu tun, als es scheint. Eine tägliche Arbeit ist dann nämlich, die Kinder zu beobachten, um festzustellen, welches Material sie interessiert. Nur durch Beobachtung können die Themen der Kinder erkannt und das entsprechende Material besorgt und angeboten werden. Schauen Sie auch mal in Schränken, auf dem Boden und im Keller nach. Oft findet sich vieles, was geeignet ist. Außerdem ist zu überlegen, wie Räume und Außengelände eingerichtet und gestaltet sein sollten (s. nächstes Kapitel), damit sich Kinder ständig bewegen können. Es ist nicht ausreichend, wenn anspruchsvolle Bewegungen nur zu bestimmten Zeiten an bestimmten Orten ausprobiert und eingeübt werden können. Kinder sind keine Menschen, die sich nach Vorschrift bewegen wollen, dazu ist ihre Bewegungslust zu stark.

Der inhärente Spiel- und Bewegungsimpuls liegt in jedem Kind und kann nicht zu bestimmten Zeiten an- oder ausgeschaltet werden. Wenn Kinder nicht ständig eingeschränkt werden, wollen sie sich von sich aus spielend bewegen, sobald ihre Grundbedürfnisse befriedigt sind. Auch wenn bestimmte Materialien noch nicht angeschafft werden konnten, kann man die vorhandenen Möbel auf ihre Funktion als Bewegungsmaterial hin überprüfen. Interessanterweise sind junge Kinder sehr wohl in der Lage, den Tisch, auf den sie klettern dürfen, dann als Esstisch zu erkennen, wenn er abgewischt und eingedeckt wird. Einige Kinder helfen immer gern mit und kein Kind klettert auf den gedeckten Tisch. Besser ist es, Tische, Hocker und Fensterbänke zur Bewegung zu nutzen, anstatt Kindern Bewegung zu verbieten oder diese auf die Stunde in der Bewegungshalle zu beschränken.

Pädagoginnen können sich manch anstrengenden Ausflug mit den Jüngsten sparen. Turnhallen, Feuerwehren und Theaterbesuche interessieren ältere Kinder. Junge Kinder, die noch nicht lange in der Kita sind, machen gern einen Ausflug in den Kindergarten, wenn die Großen ausgeflogen sind. Sie können alles kennen lernen und sich nach und nach in den Kindergarten integrieren. Wenn das Konzept vorsieht, offen zu arbeiten, werden die Jüngsten ganz selbstverständlich aus dem Nest der Krippe herauskommen. Sie lernen so die anderen Räume mitsamt deren Möglichkeiten kennen.

In der Kita gibt es interessante Berufe für die Jüngsten zu beobachten: Briefträger, die kommen und gehen, die etwas bringen. Pädagoginnen, die organisieren, Küchen-, Haus- und Reinigungspersonal, das wischt, befüllt und mit vielseitigen Dingen hantiert. Zu viele Vorschriften oder ängstliche Einstellungen verhindern, dass Kinder hier im Bewältigen von alltäglichen Tätigkeiten beziehungsvoll gebildet werden, indem sie nicht nur zuschauen, sondern mittun dürfen. Zu oft wird heute Bildung mit Information verwechselt.

Ausflüge zu Baustellen sind höchst interessant. Dort können kleine Kinder große Menschen beobachten, die ihre Interessen teilen: Füllen, schütten, transportieren, das alles gibt es für sie zu sehen. Dazu kommen die beeindruckenden Maschinen wie Bagger, die den Bauarbeitern bei ihren spannenden Tätigkeiten helfen.

Auch die Natur, der Wald oder der Bauernhof mit Tieren entsprechen ihnen, wenn ihnen Zeit gelassen wird, wirklich zu schauen, anzufassen, zu begreifen, innezuhalten. Wunderbar, wenn Kinder sich mit der Natur vertraut machen und regelmäßig in einer möglichst natürlichen Welt sein können. Sie sind sofort vielfältig beschäftigt, die Augen leuchten. So lernen Kinder die Welt kennen, die zu achten und zu schützen ist. Schöpfung er- und begreifen zu können, ist die Voraussetzung, um sich selbst als Teil einer Welt zu fühlen. Und beachten wir die Wege in die Welt, sie können wirklich Ziele sein. Hier kann vieles liegen, was Zeit braucht, um genau wahrgenommen zu werden. Bedenken wir, dass Kinder viel in Gefährten aller Art transportiert werden. Somit haben sie wenig Gelegenheit, Blätter, Steine, Kanten und Pfützen zu erfahren und einmal eigene Wege zu gehen.

Ein Beispiel

Ich erinnere mich an die zweijährige Nadescha, die zu mir fordernd »Törbchen!« sagte. Dann ging sie mit dem kleinen Körbchen, das ich ihr gab, in den Garten. Sie fand etwas und baute ein Bett aus Blättern ins Körbchen. Sie war eine dreiviertel Stunde intensiv beschäftigt. Dann kam sie zu mir zurück, um mir ihr Werk zu zeigen und sagte: »Snecke släft.« Sie hatte die Schnecke gut versorgt und war stolz, als ich mich für ihr Werk interessierte. Da sage noch einer, junge Kinder hätten keine lange Konzentrationsspanne …

Eine Krippenerzieherin beschreibt ihre Einschätzung so: »Wir gehen immer auf den Weihnachtsmarkt, gehen Laterne, machen ein Faschingsfest. Ich habe Bauchschmerzen dabei, mache das mit, wegen der Kolleg*innen und der Leitung. Die Kinder haben nichts davon.«

Diese Erzieherin sollte ihre Gedanken und Gefühle ernst nehmen. Warum kleine Kinder durch eine Welt kutschieren oder Feste veranstalten, die diese überfordern? Warum sich als Pädagogin stressen, weil man sich nicht angemessen um einzelne Kinder kümmern kann?

Am Beispiel des Feierns von Fasching möchte ich es verdeutlichen: Junge Kinder bekommen Angst, wenn sie ihre Pädagogin nicht erkennen, weil sie verkleidet ist. Manchmal reicht eine neue Frisur oder Brille, um sie zu irritieren. Das kann man noch erklären, aber erkläre einem zweijährigen Kind einmal die Bedeutung von Fasching! Oder erkläre dir selbst und deinen Kolleg*innen, den Eltern und der Leitung einmal, warum man Kindern Angst machen sollte …

Es gibt einen einfachen Weg. Mit den Kleinsten kann man sich an diesem Tag in den Gruppenraum zurückziehen, sich nicht verkleiden, sondern eine Verkleidungskiste anbieten. Auch Luftballons, Luftschlangen und Konfetti begeistern viele. Und keiner hat Angst. So wird ein den Jüngsten angemessener Fasching gefeiert. Entwicklungspsychologisch sind sie noch nicht in der Phase des Rollenspiels. Erst dann ist Kindern ein gespielter Wechsel von Identitäten durch Verkleiden verstehbar.

Angemessene, fröhliche und entspannte Feste sind herrliche Strukturgeber im Leben. Diese sollten für Kinder mit dem Gefühl von Glück verbunden sein. Auch die Selbstbestimmung ist zu beachten: Nicht jedes Kind will seinen Geburtstag groß feiern und im Mittelpunkt stehen. Ich frage seit vielen Jahren Pädagoginnen, wie sie ihren Geburtstag feiern: Sehr unterschiedlich! Das Kerntemperament spielt hier eine Rolle. Nehmen wir also auch Rücksicht auf unterschiedliche Herangehensweisen der Kinder. Eingehen auf die unterschiedlichen Temperamente und feinfühliges Begleiten sind hier gefragt und nicht das Durchführen von gleichen Ritualen für alle. Feste und Feiern als schönen Rhythmus zu gestalten, der den Alltag unterbricht, wäre ein angemessenes pädagogisches Ziel. Lieber klein und fein, d. h. dem Kind angemessen, als ein Feiern, das sehr von den Vorstellungen der Erwachsenen geprägt ist. Als Beispiel seien Rituale wie »etwas ausgeben, essen gehen, mit Krone in der Mitte sitzen« genannt.

Ich möchte ein weiteres Angebot in Frage stellen. Es erscheint mir manchmal als unangreifbar. Aber: Der Stuhlkreis ist nicht heilig!

Einfühlungsübung

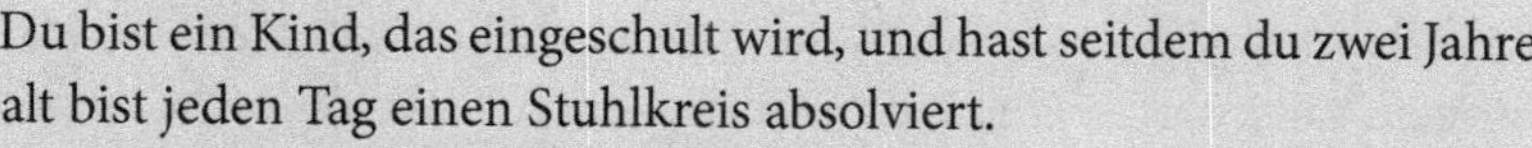

Du bist ein Kind, das eingeschult wird, und hast seitdem du zwei Jahre alt bist jeden Tag einen Stuhlkreis absolviert.
Wie hast du diese Kreise erlebt?
Du kannst deine Erfahrungsfantasie walten lassen …
Haben mich diese Kreise glücklich gemacht?
Habe ich gute Bildung erfahren?
Habe ich echte Gemeinschaft erlebt?
Bin ich oft zu Wort gekommen?

»Die Kinder müssen doch irgendwann lernen still zu sitzen, schon wegen der Schulreife.« Solche und ähnliche Sätze werden als Begründung für die Notwendigkeit des Stuhlkreises angeführt. Bedenken wir diesen Zusammenhang einmal genauer: Lernen kleine Kinder wirklich dadurch das Stillsitzen, indem sie es vier Jahre lang täglich üben? Oder sollten wir uns vergegenwärtigen, dass Kinder im Vorschulalter ganz von allein beginnen Schule zu spielen und damit auch Disziplin erstrebenswert finden. Sie sind dann daran interessiert, sich anzupassen. Das erkennt man an Äußerungen wie »Da musst du dich aber melden, dann kannst du was sagen«. Oder: »Man geht nicht bei Rot über die Ampel, dann kommt die Polizei und dann kommt man ins Gefängnis!« Die wichtige Fähigkeit, kognitive Zusammenhänge herzustellen und sich diesen Erkenntnissen im Verhalten anpassen zu können, reift in dieser Zeit heran.

Die Vorübungen dazu sind wichtig: Zuerst entwickeln Kleinstkinder eine Vorstellung vom »Ich«. In der Begegnung mit Kindern entdecken junge Kinder dann im anderen das »Du« als ihr Gegenüber. Kleine Kinder haben, wie alle Menschen, Freude und Probleme mit dem »Wir«. Freundschaften entstehen, Streit flammt auf, Mitgefühl wird möglich. Gruppen beginnen sich zu bilden, Rollen spielen wird interessant. Erst dann können sie Ideen vom Wir und der Sinnhaftigkeit von Regeln verstehen. Und dann werden sie genau das sehr intensiv lernen. Oft mit durchaus rigiden Vorstellungen von Regeln, die sich dann in einem überzeugtem »Das darf man nicht!« äußern. Vertrauen wir diesem entwicklungspsychologischen Ablauf, können wir viel Zwang für Kinder und Druck für Pädagoginnen einsparen. Dann sehen Angebote und Stuhlkreise für die Jüngsten anders aus.

Einfühlungsübung

Ich habe Zeit und Lust mich in die gemütliche Ecke zu setzen und Gitarre zu spielen oder ein Lied zu singen, Bücher anzuschauen, Fingerspiele zu spielen …
Was passiert und wie fühle ich mich dabei?
Wie reagieren die Kinder?

Fühlen sich Kinder von der Pädagogin angesprochen, werden sie kommen und mittun. Hören zu, schauen zu, machen mit, kommen und gehen wieder. Vielleicht gibt es einen Korb mit einfachen Instrumenten und die Kinder können auch musizieren. Vielleicht bewegen sie sich zu einem Lied oder machen ein Fingerspiel mit. Vielleicht sitzen sie still und hören aufmerksam zu oder sie singen Teile, die sie wiedererkennen, mit. Vielleicht hat es gestern schon einigen Kindern Freude gemacht. Sie wiederholen ja so gern. Hat ein Kind »Will singen!« gesagt hat oder einfach begonnen zu singen? Und die Pädagogin reagiert darauf mit ihrem Angebot?

Macht es so nicht allen Freude? Ist dies nicht eine Form von »Stuhlkreis«, die wirklich bildet? Kinder können bedürfnisorientiert lernen, sie partizipieren. Sie bringen sich mit ihren Fähigkeiten und Interessen ein. Und sie können in kleineren, bedürfnisorientierten Gruppen das tun, was in den meisten Stuhl-Morgen-Abschlusskreisen recht kurz kommt: Selber sprechen!

Kreise sollten also freiwillig sein, nicht zu lange dauern, Bewegung erlauben, Wiederholungen ermöglichen und in Form und Ort veränderbar sein. Sie sollten von beobachtenden Pädagoginnen begleitet werden, die Wünsche der Kinder sehen, wenn sie diese noch nicht sprachlich äußern.

Allerdings müssen Pädagoginnen dann nach außen vertreten, dass dies ein Bildungsansatz ist, den sie für angemessen halten. Manchmal höre ich Sätze wie: »Die Leitung will den Wochenplan noch haben«; »Wir haben gerade das Thema in der Kita«; »Ich habe da etwas Interessantes in einer Zeitschrift gefunden«; »Es ist doch das Thema Frühling dran«. Setze dich fröhlich mit diesen Argumenten auseinander und erkläre Kolleg*innen und Eltern geduldig, worum es in der Arbeit mit den Jüngsten wirklich geht.

Im weiteren Leben macht es qualitativ einen Unterschied, ob jemand gern zu einer Veranstaltung geht oder nicht. Oder ob er es aus Gewohnheit tut oder sich verpflichtet fühlt. Da fehlt der innere Impuls und erst dieser macht den Besuch eines Festes, eines Events lebendig. Vorfreude ist die schönste Freude. Aus diesem Gefühl heraus beteiligt man sich gern, genießt und profitiert. Früh lernt sich, ob man sich in Gruppen wohlfühlt, gern zuhört und zuschaut, sich auch traut, mitzumachen oder auch einmal gern allein etwas vorträgt. Die kirchlichen Einrichtungen können diesen Gedanken auch getrost auf den Gottesdienst übertragen.

Nun noch einige Gedanken zur Struktur und Partizipation in der Pflege und Versorgung: An Orten wie dem Bad und der Garderobe steigt der Stresspegel. Wie hoch der Stress für die Pädagoginnen und die Kinder ist, kann man sich mit dem folgenden Beispiel leicht vorstellen: In einer Anziehsituation mit vier Kindern und einer Erzieherin antwortete ein Kind auf die Frage »Was fehlt uns denn hier noch?« mit »Ich!«.

Beziehungspflege kann Bildung und Partizipation sein oder auch nicht. Eine Erzieherin einer altersgemischten Gruppe berichtet:

Viele Situationen, in denen sich die Kinder in der Einrichtung umziehen, verlaufen sehr hektisch, laut und schnell. Einige Kinder schaffen es, sich selbst anzuziehen, einige andere dagegen brauchen noch die Hilfe von uns Erzieherinnen.

Ganz oft erwische ich mich, selbst in Hektik zu geraten und so den Kindern selten die Möglichkeit zu geben, selbst zu versuchen, sich anzuziehen oder auf Signale der Kinder zu achten. Schließlich wollen wir pünktlich in der Turnhalle, in der Kirche o. ä. sein. Das Ergebnis ist oft eine unruhige Gruppe, manch überfordertes Kind und gestresste Erzieherinnen. Diese Situationen mussten und wollten wir ändern!

Nachdem ich mit meiner Kollegin über Anziehsituationen gesprochen hatte, haben wir unser Zeitmanagement umstrukturiert. Wir planen nun viel mehr Zeit zum Umziehen ein. Bei den wenigen dreijährigen Kindern haben wir eine Eins-zu-Eins-Betreuung eingeführt.

Ich hatte zum Beispiel ein Mädchen von gerade drei Jahren, dessen Wesen eher ruhig und abwartend war. In stressigen und neuen Situationen saß sie leise auf ihrem Platz und wusste nicht so recht, was mit ihr geschah. Mit diesem Mädchen bin ich dann ganz allein zur Garderobe gegangen, mit dem Ziel, viel Ruhe und Intimität beim Anziehen zu gewinnen. Gemeinsam haben wir ihren Garderobenhaken aufgesucht und ich erklärte ihr, dass wir in die Turnhalle gehen werden und wir uns dazu noch anziehen wollen. Daraufhin schaute sie mich zunächst mit großen Augen an und ihr Blick wanderte dann zu ihren Schuhen. Ich folgte ihrem Blick und fragte, ob sie zuerst die Schuhe anziehen möchte. Schon saß sie auf ihrem Po und erzählte mir, die Schuhe wären neu und Mama würde sie ihr immer anziehen. Nun bot ich mich an, ihr zu helfen und das Mädchen antwortete mit einem erleichterten Lächeln. Man konnte spüren, dass sie froh war, mich in »Ruhe« bei sich zu haben und fing ihrerseits an, sich mit mir zu unterhalten. Als die Schuhe angezogen waren, gab sie mir ihre Jacke. Fast hätte ich sie automatisch selbst vom Haken genommen, aber lieber fragte ich, ob wir die Jacke auch gemeinsam anziehen wollen. Das Mädchen bejahte und streckte mir auch gleich ihren Arm entgegen.

Ich habe mir so viel Zeit genommen für das Mädchen, wie es brauchte und selbst merkte ich, dass ich es noch viel bewusster wahrnehmen und ernst nehmen konnte. In Ruhe auf seine Reaktionen und Körperhaltung einzugehen, war schon sehr besonders. Wir hatten beide immer Blickkontakt und auch im Nachhinein haben wir eine innigere Beziehung zueinander.

Dieses Mädchen hat es sichtlich genossen, öfter so viel Aufmerksamkeit von mir allein zu bekommen. Wären mehrere Kinder in »ihrer« Anziehsituation dabei gewesen, wäre sie sicherlich angespannter gewesen und hätte sich nicht so auf mich einlassen können. Mir selbst hat es natürlich auch sehr gut gefallen.

Nach einer gewissen Zeit ist das Mädchen immer selbstsicherer geworden, inzwischen schafft sie es, sich allein anzuziehen und fordert dies auch ein!

Tanja, Erzieherin.

Diese Pädagogin gab es auf, in Hektik zu arbeiten. Interessanterweise entsteht dadurch eine liebevolle Beziehung, die Selbstbildungsprozesse in Gang setzt. Sie kann darauf verzichten, dem Kind etwas beizubringen, oft versucht mit Sätzen wie »Das kannst du schon allein, probier' mal«. Hier entsteht durch eine entspannte Situation ein Raum, in dem sich das Kind gesehen fühlt. Wie von selbst scheint es sicher und eigenständig tätig zu werden. Es partizipiert. Ist das nicht ein Bildungsangebot? Hier werden Bildungspläne angemessen umgesetzt!

Partizipation bedeutet, mit jungen Kindern einen Alltag zu realisieren, der eine einfache, durchschaubare Struktur hat und der Zeit gibt, anhand der Bedürfnis- und Interessenlagen der Kinder zu arbeiten. Bedürfnisorientierung bedeutet, zu schauen und zu wissen. Zu schauen, welche Bedürfnisse das Kind zeigt und zu wissen, was es zu Hause erlebt. Ein Kleinkind kann z.B. nicht sagen, ob und um welche Uhrzeit es wie viel gefrühstückt hat. Das müssen die Pädagoginnen erfragen. Es gibt Kinder, die kommen satt in die Einrichtung und andere haben richtig Hunger. Es gibt auch Kinder, die gern noch einmal ein bisschen essen, obwohl sie zu Hause frühstücken. Die Beteiligung aller Akteure trägt zum Gelingen bei.

Die Familie ist das Wichtigste für das Kind. Elternzeit ist heute manchmal rar. Arbeiten wir mit Eltern zusammen, freuen wir uns also, wenn ein Kind »zu spät« kommt. Richten wir flexible Bringzeiten ein. Vermitteln wir Eltern, dass Familienzeiten sehr gut sind und sie hoffentlich etwas Schönes gemacht haben und nicht schon morgens Stress hatten. Für die Kinder ist das gemeinsame Ankommen ja eher Stress, da ihr Gruppengefühl noch nicht entwickelt ist.

Auch das Wickeln richtet sich nach dem Bedarf, hier hilft die Erfahrung. Pädagoginnen, die nicht »durchwickeln«, wissen, wann für jedes Kind ein guter Zeitpunkt ist. Der Austausch mit dem Kind, das Nachfragen und das Bitten machen dem Kind erst bewusst, ob es gewickelt werden muss oder zur Toilette gehen sollte. Es ist beteiligt und lernt seine Körperanzeichen kennen. So beschreitet es den Weg zum Trockenwerden.

Beschreibungen von Partizipation, wenn sie auch nicht so benannt werden, sind bei Emmi Pikler immer wieder zu finden. Besonders in der Sprache der Hände wird die pädagogische Haltung deutlich. Pikler beschreibt offene Gebärden. Mit den Händen kann die Pädagogin das Kind um etwas bitten, es rufen oder ihm etwas anbieten. »Jede dieser Gesten ist eine halbvollendete abwartende Bewegung. Damit wird eine Erwartung ausgedrückt, eine Wahlmöglichkeit angeboten« (Pikler/Tardos 1994, S. 96–98). Durch die unvollendete Haltung entsteht ein offener Raum, in den das Kind selbst hineinhandeln kann. Das Kind kann früh eigene Entscheidungen treffen und sie sofort in Handlung umsetzen. Mit ihm wird gewaltfrei umgegangen und dies löst in den meisten Fällen Kooperation aus.

Und wenn einmal nicht, dann ist ein respektvoller Umgang, der Worte für das Verhalten findet, für beide Seiten angenehm. Ein Kind möchte vielleicht nicht in die Garderobe zum Anziehen kommen. Die Pädagogin kann das in Worten wie: »Ah, du möchtest nicht kommen, dann frag ich dich später noch mal.« ausdrücken. Nach kurzer Zeit und einer weiteren Bitte kooperieren so gut wie alle Kinder. Entscheidend ist, ob die Erwachsene es wirklich ernst meint, echtes Interesse an der Meinung des Kindes hat und ihm die Zeit für eine (non-)verbale Antwort einräumt.

Die Sprache der Hände ist vielfältig. Durch sie können wir wartend, bittend, gebend, öffnend, abgrenzend, schenkend, authentisch, feinfühlig, unterstützend und achtsam im Dialog sein.

Einfühlungsübung

Beobachte dich selbst. Interessiere dich für die Sprache deiner Hände. Machen sie offene Gebärden?
Was sagen Sie? Sind sie wartend, bittend, gebend, öffnend, abgrenzend, schenkend, authentisch, feinfühlig, unterstützend, achtsam?
Sei im Dialog mit dir und deinen Händen.

Strukturen und Tagesabläufe sollen viel Zeit für die Dialoge zwischen den Menschen ermöglichen. Junge Kinder kommunizieren und lernen ausgesprochen körperlich. Der Sprache der Hände und der Mimik sowie der Haltung des ganzen Körpers kommt eine hohe Bedeutung zu. Pädagoginnen, die sich in der Wahrnehmung des Antwortverhaltens von Kindern schulen, verstärken die Sprachfähigkeit enorm. Sie bilden Grundlagen für die verbale Sprachbildung. Schauen wir also genau, wie das Kind reagiert. Ist es aufgeregt, neugierig, freudig, fragend, verunsichert oder begeistert? Woran ist das zu erkennen?
Wir können ihre Gefühle und Gedanken vermuten und benennen. Ein Beispiel erläutert den für das Kind bedeutsamen Zusammenhang von Ritual, Sprache und Orientierung:

L. hat mit seiner Mutter ein morgendliches Ritual. Sie kommt mit in den Gruppenraum, setzt sich dort auf die Bank, kuschelt noch ein wenig mit L. und verabschiedet sich dann.
Gestern kommt ein weiteres Kind zur Tür, unterbindet das Ritual und will L. mit zum Spielen nehmen. Die Mutter verabschiedet sich an Ort und Stelle und geht.
L. steht vor der Tür und will nicht reingehen. Setzt sich von außen an die Wand, sagt kein Wort. Mehrere Erzieherinnen versuchen es mit Ablenkung und versuchen ihn mit Spiel zu locken. Ich gehe hin und gucke L. eine kleine Weile an.
»Du siehst für mich irgendwie traurig aus. Ich glaube, ich weiß auch warum. Soll ich sagen?«
Große Augen, schnelles Nicken.
»Deine Mama hat sich heute nicht mit dir reingesetzt. Das ist dir wichtig. Kann es sein, dass dir das heute fehlt?«
Tränen in Kinderaugen, bibbernde Unterlippe.
Ich hocke mich hin, biete meine offenen Arme an: »Wollen wir ihr beim Abholen sagen, dass sie da morgen wieder ganz doll dran denken soll?« Die Arme einer Mutter kann ich nicht ersetzen. 15 Minuten

halten und wiegen. L. hat mit dem Fuß nachgeholfen, wenn ich aufhören wollte, bis er bereit war, ins Spiel zu gehen.

Tabea, Erzieherin.

Die individuellen Bedürfnisse der Kinder sind nicht planbar. Sie ergeben sich aus den Erfahrungen im Alltag und sollten wie im Beispiel begleitet werden. Sie brauchen Zeit.

Fragen an die Pädagogin

Möchtest du solche Zuwendungen möglich machen?
Erachtest du sie für die Regulierung der emotionalen Lage nicht sogar als notwendig?
Dann hinterfrage die Tagesstruktur: Gibt es zu viele Rituale und feste Angebote? Oder hast du genug Zeit für die individuelle Begleitung der Kinder?

Was ist also Partizipation in der Krippe oder in der Kindertagespflege? Der Rhythmus, der Takt und die Melodie ergeben das Lied des Lebens. Kann das Kind mitspielen in diesem Orchester? Darf es sein eignes Instrument nutzen? Schon ganz zu Beginn des Lebens sind Rhythmen bedeutsam. Das ungeborene Kind lebt mit dem Takt des Herzschlags der Mutter, dem Kommen und Gehen ihres Atems und ihren schwingenden Gangbewegungen. Diese Rhythmen legen die Grundlage, sie werden körperlich ganzheitlich erlebt. Folgen dann Liebe und Vertrauen, kann das Kind sich in der Fremdbetreuung auf Respekt und pädagogischen Takt verlassen, bildet es sein »Ich« aus. Ist die Struktur seines Tages seinen Interessen angemessen, wird es sich ernst genommen und beteiligt fühlen. Fühlt es sich wohl, wird es Mitgefühl entwickeln und so mit anderen umgehen, wie mit ihm umgegangen wird. Fühlt sich das Kind geliebt, wird es sich selbst und dann auch seine Nächsten lieben können. Hand aufs Herz: Lohnt es sich nicht, den Tagesablauf zu checken und den Mut zu haben, das zu schreddern, was den Kindern nicht wirklich entspricht? Partizipationsmöglichkeiten müssen sich also nach dem entwicklungspsychologischen Stand des Kindes richten. Ein Kind, das noch nicht bis drei zählen kann, hat keine Einsicht in Abstimmungsverfahren. Wir müssen Partizipation sehr überlegt einsetzen, um Kindern nicht die Lust an der Demokratie zu verderben, sondern sie zu wecken!

Ein langer Weg,
ein schmaler Steg,
ein hoher Baum,
ein weiter Raum,
ein grader Strich,
und das bin ich.
»Ich« macht erst Sinn,
heißt es: Ich bin!
Ob klein, ob groß:
Wer bin ich bloß? –
Als wir auf die Erde kamen,
gaben uns die Eltern alle
einen eignen Eigennamen.
[…]
Ich heiße –
und du heißt:
Alle, alle
sind wir hier,
und nach »ich« und »du« kommt
»wir«!
(Vahle 2014, S. 97 f.)

6 Das Lied von Chaos und Ordnung: Kindgerechte Räume einrichten, vorbereiten und aufräumen

Nun gilt es, die Konsequenzen aus den vorangegangenen Kapiteln zu ziehen. Wie können Räume für die Jüngsten gebaut und gestaltet werden, wie Material vorbereitet und in welcher Form angeboten werden? Angemessene Räume und Materialien haben vielfältige Funktionen und ermöglichen damit Verschiedenes: Wohlfühlen und Bedürfnisbefriedigung, Lernen in verschiedenen Entwicklungsstufen und für unterschiedliche Interessen, Innen und Außen abgrenzen, Eigenes und Gemeinsames bezeichnen, Beziehungen zu Dingen und Menschen herstellen und erfahren können.

Manchmal erinnern Räume für Kinder in Betreuung allerdings eher an Hühnerhaltung, bedenkt man einmal, dass pro Kind bis drei Jahren ja nur drei Quadratmeter vorgesehen sind. Auf drei Quadratmetern sollen die obengenannten Funktionen erfüllt werden? Da ist es lohnenswert, sich genau zu überlegen, wie die Räume zu gestalten sind. Nämlich so, dass sie die Arbeit der Pädagoginnen sinnvoll unterstützen und den Kindern möglichst viel Partizipation ermöglichen.

Und inwieweit berücksichtigt die Einrichtung der Räume den Entwicklungsstand der Kinder? Junge Kinder brauchen keinen Kindergarten in klein. Sie sind ihrer Denkentwicklung entsprechend nicht auf zeitlich und inhaltlich getaktete Angebote und eine »Vier-Ecken-Pädagogik« aus. Das Chaos ist manchmal ihre Ordnung, die wir nicht erkennen. Die jungen Kinder leben im Moment. Sie beschäftigen sich mit dem, was ihnen begegnet und was sie jetzt gerade anspricht. Oft ist es etwas, das sich bewegt, das Töne macht und damit die Aufmerksamkeit auf sich zieht. Kinder beobachten, was andere gerade beschäftigt, finden es interessant, möchten das auch tun und nun den Gegenstand haben. Manchmal führt das zu Konflikten. Den guten Umgang damit erläutert das 7. Kapitel.

Junge Kinder sind gern damit beschäftigt, Dinge zu sortieren und Reihen zu bilden. Ähnlichkeiten zu entdecken und etwas nacheinander anzuordnen, entspricht ihrem Erfahrungshorizont. Eine Vorstellung davon, wann etwas beginnt und zu Ende ist, ist noch zu abstrakt, obwohl eine Reihung dies auch darstellt. Also sind Angebote, die zu bestimmten Zeiten Kindern bestimmte Tätigkeiten abverlangen, unangemessen. Der Krippenraum oder die Kindertagespflegestelle sollte in diesem Sinne einen angebotsfreien Raum darstellen. Er sollte aber interessant vorbereitet sein und so zum Lernen einladen.

Kinder können sich treiben lassen, sich mit ihrem ganzen Sein interessieren, spontan etwas machen oder mitmachen und ganz versunken mit etwas beschäftigt sein. Sie leben in der Ereigniszeit. Eigentlich beneidenswert, oder? Erwachsene besuchen Kurse, um diesen Zustand wieder zu erlernen, meditieren, wollen mal ganz im Hier und Jetzt sein. Sie fühlen sich oft von den zeitlichen Abläufen und von dem Gefühl, vieles erfüllen und einhalten zu müssen, gehetzt.

?

Fragen an die Pädagogin

Kannst du dich an Zeitlosigkeit in deiner Kindheit erinnern?
Erinnerst du dich an Spiele, die dich in einen Flow versetzt haben?
Schau mal, wie die Kleinen sich verhalten. Wie finden sie ins Spiel?
Wie scheinen sie Abläufe zu erleben? Wie gehen sie mit Zeit um?
Lass dich mal auf ihr Welterleben ein.
Kannst du zu mehr Ruhe und Aufmerksamkeit kommen?

Es gilt für diese frühe Form von Welterfahrung Räume herzurichten. Es ist eine Herausforderung, sich auf die Art und Weise, wie junge Kinder die Welt erfahren, einzulassen und ihnen in diesem Sinne Angebote zu machen. Das ist möglich, wenn die Räume und das Material die Interessen ansprechen, denen die inneren Impulse des Kindes zugrunde liegen. So kann der Raum das Kind einladen und es zu intensiven Spielen und konzentrierten Bewegungen auffordern. Räume zum Ausruhen und für beziehungsvolle Pflege ergänzen die gute Versorgung für die Jüngsten. In der Kindertagespflege herrschen andere Raumbedingungen. Sie findet eher in privaten Räumen statt und fordert zur Integration von kindgerechtem und persönlichem Raum auf. Im Folgenden lade ich ein, sich in der eigenen Vorstellung in eine Krippe zu begeben und die Räume anzuschauen.

Eltern und Kinder kommen am Morgen durch den Eingang und werden zuerst die Garderobe aufsuchen. Ist es hier einladend für das Ankommen, für den ersten großen Übergang am Tag? Und was erleben wir als einladend? Verschiedene bunte Farben an den Wänden, für den Boden und die Möbel, von denen wir meinen, sie seien kindgerecht? Oder eine ruhige Farbgebung, eine schlichte Gestaltung, die den Hintergrund für die Wahrnehmung der Menschen bildet, die mir begegnen? Manchmal denke ich, wo sind die Kinder in all der Buntheit der Einrichtung und auch der Kleidung.

Die Beleuchtung kann eine ganz ähnliche Wirkung entfalten. Hat sie den Charme eines OP-Saals oder schummert sie so dahin? Direkte und indirekte Beleuchtung kann Stimmungen positiv beeinflussen. Sind Leuchtmittel zu dimmen und damit veränderbar? Wo im Haus ist angenehm beruhigendes Licht und wo ist helles klares Licht angemessen?

Schauen wir auch auf die Gestaltung von Wänden und Fenstern: Junge Kinder sind Fenstergucker, beobachten sehr gern, was draußen vor sich geht und erkunden so Innen- und Außenräume. Müllwagen, die Post, Menschen, die kommen und gehen, da gibt es viele Studien zu treiben. Kleistern wir also die Fenster nicht mit Gebasteltem zu, sondern ermöglichen diese Erfahrung. Da schließt sich die heikle Frage nach der Dekoration an: Sollen Werke von Kindern ausgehängt werden? Fotos oder Kunstwerke die Wände zieren? In jedem Fall ist weniger mehr.

Betrachten wir die Wirkung und die Aussagen von Dekoration einmal kritisch: Wenn eine konzeptionell verankerte Darstellung von Jahreszeiten oder Festen vorgesehen ist, welche Darstellung eignet sich für die ganz Jungen? Sie haben Interesse an der Darstellung ihrer Familien an einer Fotowand oder im Portfolio. Die kindlichen oder andere künstlerischen Werke sollten das ästhetische Bewusstsein schulen und Themen der Kinder aufgreifen. Wichtig ist dabei der Austausch mit den Eltern und die Beachtung des Datenschutzes. Hier sollte überlegt werden, wer im Team die Verantwortung für diesen Bereich gern übernimmt. Eine Kollegin, die Geschmack hat, auf Aktualität achtet und die Reaktionen der Kinder als Richtschnur annimmt. Informationen sollten aktuell, übersichtlich und sichtbar ausgehängt sein.

Ein Beispiel

Ich erinnere mich an einen Besuch in der Krippe Tornquiststraße in Hamburg vor vielen Jahren. Im Eingangsbereich war das Licht eher diffus, nicht zu hell, nicht zu dunkel, einfach angenehm. Man konnte auf ein Aquarium schauen. Es war sehr beruhigend, das Hin- und Herschwimmen der Fische einen Moment zu beobachten. Mitten im Raum stand ein Tisch mit ein paar Malutensilien und kleinen Stühlen.

Er bremste die Personen, die von innen oder von außen in diesen Raum kamen. Außerdem lief zu Bring- und Abholzeiten leise klassische Musik. Dieses Ambiente wirkte auf mich angenehm lebendig und beruhigend.

Die bekannten Kindergartengarderoben zeichnen sich durch große Einheitlichkeit aus: Die Bänke, die Dreierhaken, die Fächer, das Ganze mal 25 und in mehr oder weniger großen und bunten Räumen untergebracht. Wie sieht eine Garderobe der Jüngsten aus? Oft genauso.

Schauen wir nun in eine Garderobe, die für ganz junge Kinder eingerichtet wurde. Fächer und Haken sind selbsttätig erreichbar. Kinder nutzen Haken mit Freude, wenn diese sich nicht drehen und überschaubar angeordnet sind. Sie können die oft noch herausfordernde Tätigkeit des Aufhängens im sicheren Stand machen und müssen dazu nicht auf Bänke klettern. Gibt es einen Spiegel auf Kinderhöhe, um z. B. den Sitz einer Mütze zu überprüfen?

Seit vielen Jahren frage ich Pädagoginnen, wo sich die jungen Kinder umkleiden. Die Antwort ist immer die gleiche: Auf dem Boden. Plätze für Eltern und Pädagoginnen sind Rollhocker und Anziehhilfen. Von hieraus können sie bequem Hilfestellungen leisten. Auch eine Bank kann hier hilfreich sein. Erwachsene haben die Möglichkeit sich zu setzen, ihre Taschen abzustellen und dann die Kinder beim An- und Ausziehen zu unterstützen. Bodenkissen erweisen sich für diejenigen angenehm, die gern am Boden arbeiten.

Ein für Kinder erreichbares Fach für Mützen und andere Kleinteile wird gern bestückt. Die Kleinen lieben es ja, etwas in etwas reinzuschmeißen. Ein weiteres Fach für Infomaterial und Wechselwäsche kann für die Erwachsenen entsprechend hoch angebracht sein. Zu bedenken ist auch, wie Fächer bezeichnet werden sollten. Bilder der Kinder und ihre Namen bieten sich hier an. Die Kinder kennen allerdings nach kurzer Zeit alle Plätze und Dinge auswendig. Und wenn du etwas, wie einen Schuh oder ein Tuch, nicht zuordnen kannst, frage die Kinder. Sie wissen, wem was gehört.

Denken wir auch an die Reinigungskräfte. Sie sind so wichtig und freuen sich über Fächer für Schuhe, die durch ein Gitter nach unten offen sind, damit der Dreck rausfällt. Außerdem sollte das Schuhfach in einer Höhe hängen, unter der mit dem Wischer bequem langzufahren ist.

Bedenken wir auch, dass die Pädagoginnen einen Platz für ihre persönlichen Dinge benötigen. Platz für ihre eigene Garderobe, persönliche Dinge und vor allem ein abschließbares Fach für Handys! Handys, die sichtbar oder spürbar für eine Person sind, lenken diese unbewusst ab. Also weg damit! In der Pause und nach Feierabend kann jede selbst ihren Umgang damit finden.

Ein anderer Gedanke sei erinnert: Wie lange warten Kinder in der Garderobe? Ein Warten, das entsteht, weil Pädagoginnen zu viele Abläufe gleichschalten, ist für alle Beteiligten sehr anstrengend und weitgehend sinnlos. Wenn alle Kinder zur gleichen Zeit etwas Gleiches tun sollen, dann verbringen junge Kinder viel Zeit mit Warten. Sie benötigen mehr oder weniger Hilfe von Erwachsenen. Um Wartezeiten abzukürzen, sollten Übergänge nicht nur bedürfnisorientiert gestaltet werden, sondern auch in möglichst kleiner Besetzung stattfinden. Es sei an die Notwendigkeit der Eins-zu-Eins-Kontakte erinnert, die sich hier schön gestalten lassen. Wenn Kinder nicht gleichzeitig nach draußen gehen müssen, dann erlebt das einzelne Kind z. B. die Pflegesituation des Umziehens als Beziehungserfahrung und als ein Bildungsangebot.

Das setzt voraus, dass Pädagoginnen sich in den Arbeitsbereichen gut absprechen und auf Gedanken wie »meine Kinder, deine Kinder«; »ich habe doch gestern erst«; usw. verzichten. Gemeinsam die qualitätsvolle Versorgung und Bildung im Auge zu haben und diesem Ziel zu dienen – das ist der Job! Da ist manchmal die achtsame Zweiersituation nötig und ein anders Mal die schweifende Aufmerksamkeit gefragt, die mehrere Kinder im Auge hat. Der Stress, der nachweislich in der Garderobe und im Bad am höchsten ist, weicht somit der Erfahrung, ausreichend Zeit und Raum für das Kind zu haben.

Ist es auch möglich, morgens im Außengelände anzukommen? Kinder, die ausgeschlafen sind und zu Hause gefrühstückt haben, haben oft ein großes Bedürfnis, sich zu bewegen. Diese Kinder freuen sich, wenn sie erst mal draußen sein können. Außerdem wird einmal das Aus- und Anziehen eingespart.

Von der Garderobe aus geht es in den Gruppenraum. Schauen wir nun in diesen Bereich, der viele Funktionen hat. Wie viel Platz wird wo und für was benötigt und wie ist dieser Raum zu strukturieren?

Einfühlungsübung

Geh in den Gruppenraum und begib dich auf die Höhe eines Kleinkindes. Schau dich um und nimm genau wahr, was dich umgibt.
Wie ist der Raum aus dieser Perspektive gestaltet?
Kannst du erkennen, was wo stattfindet?
Könntest du als Kind interessante Dinge entdecken, die dich anziehen?
Wie viel Platz gibt es, wenn du dir vorstellst, hier mit 15 Kindern zu sein?
Kannst du dich frei bewegen?
Fühlst du dich wohl und geborgen?

Dieser Raum, in dem Kinder und Erwachsene viel Zeit verbringen, ist in den meisten Fällen auch der Essraum. Um diese Funktion gut zu erfüllen, müssen die Verbindung zur Küche samt Anlieferungsweg und die notwendigen Arbeitsgänge der Vorbereitung gut bedacht werden. Kurze Wege, Platz für Transportwagen, Geschirrschränke, Spüle, Müllentsorgung, Möglichkeiten zur Erwärmung von Getränken und Essen für Kinder und Pädagoginnen sind wichtige Faktoren, die es zu bedenken gilt.

Im Gruppenraum gibt es eine Trinkstation, an der sich die Kinder selbst bedienen können. Die Getränke für Pädagoginnen stehen in Sichtweite und sind gut für sie erreichbar. Getränke sind zuckerfrei und werden in passenden Behältern angeboten.

Junge Kinder erleben, dass ihre Ernährung immer mehr von der Einzelsituation des Fütterns zu einem gemeinschaftlichen und schönen Erlebnis wird. Schauen wir uns diesen Weg an: Wo stehen die Kinder, wenn sie in die Fremdbetreuung kommen?

Von Geburt an wissen die Jüngsten, was und wie viel sie gern essen, siehe 2. Kapitel. Was sie nicht kennen, ist die Art des Essens. Sie müssen die Esskultur ihrer Familie, ihres Landes und ihrer Tagesbetreuung erlernen, um irgendwann selbstständig essen zu können.

Fragen an die Pädagogin
Welche Esskulturen kennst du? Hast du schon mit den Händen oder mit Stäbchen gegessen?
Wie war deine Familienkultur, musstest du probieren, aufessen oder durftest du selbst entscheiden, was auf deinen Teller kam?
Wie oft wurden die Mahlzeiten gemeinsam eingenommen?
Ist Essen mit Freude verbunden? Oder mit welchen anderen Gefühlen?

Was hat das mit der Raumgestaltung zu tun? Viel! Es ist genau zu erkunden, an welcher Stelle das jeweilige Kind in seiner Entwicklung steht und welche Bedarfe es hat. Dazu ist der Austausch mit den Eltern unabdingbar.

Das ganz junge Kind wird vielleicht noch manchmal gestillt. Was isst es zu Hause? In welcher Form und in welcher Reihenfolge und mit welchen Gerätschaften bekommt es sein Essen gereicht? Wo ist es schon selbstständig? Der Übergang vom Elternhaus in die Betreuung sollte immer an Gewohnten anknüpfen. Das Kind zeigt dann von sich aus, wann es zu neuem Verhalten bereit ist.

Ziel vieler Einrichtungen ist es, die Kinder möglichst früh selbständig zu machen. Sind Kinder damit überfordert? Das ist der Fall, wenn viel vom Essen auf dem Lätzchen, auf dem Tellerrand, dem Tisch oder unter dem Tisch landet. Lache oder schimpfe nicht. Manchmal ist mehr Essen im Raum verteilt, als im Magen ankommt. Junge Kinder müssen evtl. noch gefüttert werden, um satt zu werden. Diese Situation ist eine weitere schöne Möglichkeit des Eins-zu-Eins-Kontaktes und braucht einen bequemen Platz für die Pädagogin. So kann sie das Kind entspannt und in Ruhe versorgen. Es gibt also zum Füttern einen Sesselstuhl, der dem Rücken der Pädagogin Halt gibt. Er hat Armlehnen, damit sie das Kind gut halten kann. Wenn sie das Kind so auf dem Schoß hält, dass es Kopf, Hände und Beine frei bewegen kann, wird es über kurz oder lang Zeichen geben, dass es mittun möchte. Es verfolgt den Löffel mit Blicken, es greift nach Glas oder Löffel oder dem Lebensmittel. Wird aus einem Glas gefüttert, kann das Kind auch sehen, was und wie viel es gibt.

Zum Greifen nach dem Besteck oder nach Lebensmitteln gesellt sich ein weiteres Merkmal, welches die nächste Entwicklungsstufe anzeigt. Das Kleinkind kann frei und von allein sitzen. Nun kann das Kind sprachlich darauf vorbereitet werden, dass etwas Neues kommt und sein Übergang zum Essen im Essbänkchen wird zum Thema.

Im Bänkchen fühlt sich das Kind noch geborgen und kann doch eigenständig sein. Es wird von einer Pädagogin begleitet. Die Zweilöffelmethode, bei der die Pädagogin füttert und das Kind gleichzeitig einen eigenen Löffel benutzen kann, bewirkt, dass das Kind satt wird und trotzdem selbstständig ist. Ein am Rand nach innen gewölbtes Schälchen führt den Löffel und unterstützt die ersten eigenen Versuche. Es ist auf Gläser zu achten, die gut mit kleinen Händen zu halten sind. Ein Lappen sorgt ganz selbstverständlich für Sauberkeit und zeigt den Umgang mit Essen.

Eine Pädagogin begleitet dann zwei Kinder an den Essbänkchen und führt so langsam darauf hin, dass die Gruppe, in der gegessen wird, größer wird. Es sind aber immer überschaubare Gruppen, denen eine Pädagogin zugeordnet ist. Diese sollte nicht von hinten agieren, sondern einen Platz am Tisch haben. So ist sie für die Kinder sichtbar und mit ihnen im Dialog. Ihre Handlungen sind für die Kinder vorhersehbar und werden nicht als übergriffig oder bedrohlich erlebt.

Lätzchen können in einem Körbchen angeboten werden. Kinder suchen sich gern eines aus. Und es gibt Einrichtungen, wo es erlaubt ist, dass ohne Lätzchen gegessen wird. Dazu braucht es eine, wie oben beschriebene, ruhige und entspannte Atmosphäre, dann wird kaum gekleckert.

Das Essen für die kleinen Kinder ist beendet, wenn das Kind aufsteht. Das ist freundlich zu vermitteln, damit das Kind leicht lernt, dass nicht an jedem Ort gegessen wird. Auch wenn es dieses woanders so erlebt, ist es für Kinder kein Problem, zu erkennen, dass an verschiedenen Orten verschiedene Umgangsweisen gelten.

Der sichere Platz zum Essen ist ein Erbe aus Vorzeiten. Bedenke kurz, wo du in der Herkunftsfamilie oder zu Hause sitzt. Der eigene Platz ist ein kulturelles Zeichen. Wir essen am Tisch und hier gern an einem persönlichen Platz. Wir sitzen zusammen und finden eine angenehme Unterhaltung schön. Streit, Vorwürfe oder Ermahnungen verderben den Appetit!

Es ist unbedingt darauf zu achten, dass die Kinder ihre Füße auf dem Boden haben. Sie kauen und verdauen dann besser. Wenn man gerade keine neuen Möbel kaufen kann, ist manchmal der Einsatz einer Säge das richtige Mittel.

Die Stühle sollten das freie Sitzen ermöglichen, damit kleine Kinder nicht zu lange sitzen und sich körperlich schädigen. Hocker und Sitzkisten gestatten ein gesundes, aufrechtes Sitzen und sind auch für das bewegte Spiel zu nutzen. Sie dienen als Stapelmaterial oder können beladen und bewegt werden. Von allen Stühlen, die Kinder nicht allein handhaben können, ist abzuraten. Auf Hochstühle müssen junge Kinder von Erwachsenen gesetzt werden, das ist nicht rückenschonend für Pädagoginnen und verlangt von Kindern Wartezeit und bringt sie in Abhängigkeit. Hochstühle sind für die Familie eine gute Form, um auf gleicher Höhe zusammen zu essen, aber für die Betreuung in Gruppen ungeeignet. Auch Stühle, die Kinder durch Gurte oder Lehnen oder durch Holzklötze zwischen den Beinen festhalten, sind schädlich. Hier werden Kinder gezwungen, länger zu sitzen als es ihnen guttut. Klapptische sind eine gute Alternative. Sie werden nur bei Bedarf eingesetzt und füllen so den Raum nicht ständig aus.

Pädagoginnen antworten auf die Frage nach einer schönen Essenserfahrung (s. auch 2. Kapitel) interessanterweise zuerst mit der Beschreibung der Atmosphäre. Man hat es gern ruhig und gute Gespräche, frische Luft, angenehmes Licht sowie schönes Geschirr sind wichtig. Erst danach werden das Essen und Trinken beschrieben. Man möchte wählen, was und wie viel man isst. Es soll lecker schmecken und man möchte im eigenen Tempo essen. Kleine Kinder können das alles nicht äußern, sie profitieren allerdings von der Beachtung dieser Aspekte.

Begibt man sich auch hier einmal auf Kinderhöhe, kann man die Lichtverhältnisse prüfen. Wird vor und nach dem Essen gelüftet? Wird gern über Essen und Trinken und die dazugehörigen Handlungen gesprochen? Ist die Atmosphäre ruhig und angenehm? Sind die Kinder wach genug, um die Herausforderung der Nahrungsaufnahme im Sinne eines Bildungsangebots konzentriert zu meistern? Dann entsteht eine Atmosphäre, in der gescherzt und sich untereinander geholfen wird. Es wird gern und ausreichend gegessen und getrunken.

Geschirr, Möbel, Besteck und Anlegeteile sollten mit den Kindern wachsen. Wenn kleine Kinder die ersten Versuche machen, sich selbst aufzutun und selbstständig eine Mahlzeit zu sich zu nehmen, muss die Ausstattung zur Körpergröße passen. Für ein junges Kind kann ein Anlegelöffel die Größe einer Schaufel haben und sie vollführen wahre Kunststücke, um sich damit etwas auf den Teller zu bugsieren. Das ist nicht der Sinn der Sache.

Nehmen wir den kindlichen Körpermaßen angepasst eine Untertasse als Frühstückteller, einen Esslöffel, um sich aufzufüllen, einen Frühstücksteller für das Mittagessen oder ein Schälchen, kleine durchsichtige Kannen usw.

Beendet ein Kind die Mahlzeit, ist es gut, wenn es die nächsten Schritte kennt. Es wird eventuell sein Geschirr gern selbst wegbringen. Hierzu muss ein Platz oder ein Wagen vorbereitet sein. Dann ist die Reinigung des Gesichts und der Hände und das Abnehmen des Lätzchens dran. Hierzu hat sich eine Waschstation bewährt.

Nach und nach kommen die Kinder an einen Platz, an dem sie diese Tätigkeiten selbstständig oder mit Hilfe erledigen können. Sie finden einen kleinen Waschlappen im lauwarmen Wasser vor. Können und wollen die Kinder ihn schon selbst nehmen und ausdrücken? Ein Kind findet sich selbst im Spiegel, oder erkennt es sich noch nicht? Die Kinder können sich selbst säubern oder sie bekommen Hilfe von der Pädagogin, die an dieser Stelle Dienst tut. Ein Behälter, der Waschlappen und Lätzchen aufnimmt, lädt zum Reinschmeißen ein.

Dann kann es weitergehen. Will sich das satte und saubere Kind noch etwas bewegen, noch einen Moment spielen oder geht es direkt zur Kiste, die zum Umkleiden für den Mittagsschlaf animiert? Dort findet das Kind Platz für die ausgezogenen Sachen und auch sein Kuscheltier, seinen Schnuller oder was es zum Schlafen braucht. Oder gibt es dafür einen anderen Platz, den es selbsttätig erreichen kann? Ist wickeln notwendig, dann geht es in den Wickelraum, ansonsten ist nun der Weg zum Schlafplatz frei.

Der Schlafraum ist ein Raum, der zu allen Zeiten genutzt wird. Er kann z. B. mit einer Hochebene ausgestattet sein und als Bewegungsangebot und zum

Schlafen genutzt werden. Wird der Raum zum Schlafen gebraucht, spielen und bewegen sich die Kinder hier nicht. Er ist dann ein ruhiger Ort. Kinder, die nicht schlafen können oder schon ausgeschlafen sind, können dann im Gruppenraum ruhig spielen oder rausgehen. Dieser Raum ist gut zu lüften und leicht abzudunkeln.

Wenn der Raum abgedunkelt ist und die Matratzen ausgelegt werden, wissen die Kinder genau, welche Funktion er nun hat. Er lädt zum Schlafen ein. Ein Bewegungsangebot geht von diesem Raum aus, wenn die Schlafutensilien wieder im Regal verschwunden sind und es hell in ihm ist. Viele Kinder arbeiten bei der Vorbereitung und beim Aufräumen dieses Raumes gerne mit. Sie transportieren und schleppen alles an seinen Platz.

Ein gemischtes Angebot an Ruhemöglichkeiten ist bereitzustellen: Trauen sich ältere Kinder schon zu auf der Hochebene zu schlafen? Gibt es die Möglichkeit, sich ins Bett oder Körbchen zu kuscheln? Oder lieben es Kinder, auf einem Matratzenlager zu schlafen?

In der Eingewöhnung ist die gewohnte Art des Schlafens immer ein wichtiges Thema, um dem Kind vertraute Bedingungen anbieten zu können. Die Pädagogin, die die Schlafbegleitung macht, hält hier und da eine Hand, summt ein Lied, streichelt einen Rücken und hilft damit beim Einschlafen. Sie blickt freundlich und beruhigend, wenn ein Kind kurz erwacht und ermöglicht so das Wiedereinschlafen. Sie hilft beim Aufwachen den Weg in den Gruppenraum zu finden. Hat sie für diesen wichtigen Job einen guten Platz, der ihr entspricht, und an dem sie ruhig und entspannt sein kann?

Zurück im Gruppenraum stellt sich die Frage nach der Gestaltung des Raumes, der für Kinder eine anregende Umgebung bereitstellen sollte. Ausreichend Raum zum Spiel und für herausfordernde Bewegungen sollte vorhanden sein und das nötige Material sicht- und greifbar. Hier bieten sich Raumteiler an, die Bereiche schützen und beruhigen und sie für Kinder sichtbar strukturieren. Man kann Regale, Teppiche und Spielgitter dafür einsetzten. So erkennen die Kinder den Raum für die Mahlzeiten und für das Spiel. Sie können sich zurückziehen oder sich bewegen. Kinder mit unterschiedlichen Interessen und unterschiedlichen Entwicklungsstufen können so in Ruhe tätig sein.

Manchmal irritiert diese Strukturierung die Pädagoginnen. Sie halten eine Aufteilung des Raumes – insbesondere die Spielgitter – für eine Einschränkung der Kinder. Allerdings sind hier Hinweise und Verbote, die dann mündlich vermittelt werden müssen, um Kinder zu schützen, notwendig. Das ist für alle anstrengender, aber: Überlassen wir dem Raum teilweise diese Funktion, kann er in der Tat zum Erzieher werden. Begrenztheit gibt auch Sicherheit und kann die Aktivität sogar erhöhen. Spielgitter sind mit Türen versehen, d. h. die Kinder können es jederzeit verlassen.

Als ich Pädagoginnen bat, Fotos von den Orten mitzubringen, an denen sich die Kinder in ihrer Krippe am liebsten aufhalten, war ich sehr erstaunt über das Ergebnis! Ich begann zu zählen und kam zu dem Ergebnis, dass 85 % der Fotos Rückzugsgelegenheiten darstellten. Es waren Bilder von Höhlen, Kartons, Büschen, Strandmuscheln, Röhren, Körbchen, Kisten und Abgrenzungen mit Spielgittern. Für Kinder ist es ein großes Bedürfnis, sich in einem begrenzten Raum zu befinden. Dies gilt es zu beobachten, zu analysieren und in der Gestaltung von Raum und Tagesablauf zu berücksichtigen. Auch für Decken und Kissen ist zu sorgen, damit Buden ausgestattet werden können. Wer feste Höhlen hat, kann auch eine sanfte Beleuchtung zum selbstständigen An- und Ausschalten anbringen.

Es ist zu beobachten und zu reflektieren, ob ein Bedürfnis zum Rückzug besteht, weil es zu unruhig oder zu anstrengend für die Kinder ist. Oder haben sie es gerade einfach gern, etwas in Ruhe tun zu können? Oder wollen sie ein Päuschen einlegen? Oder besteht ein Bedürfnis nach Begrenzung wie oben beschrieben? Hier gilt es die verschiedenen Motivationen zu erforschen und Konsequenzen zu ziehen.

Außerdem ist natürlich immer zu schauen, ob die Kinder genügend Aufmerksamkeit in der Pflege erhalten. Eine vertrauensvolle, verlässliche Beziehung zu Erwachsenen ist die Voraussetzung, damit kleine Kinder sich überhaupt auf freies Spiel in fremder Umgebung einlassen können. Wenn den Kindern nicht genügend oder unpassendes Spielmaterial angeboten wird, kann vermehrt Rückzugsverhalten oder Unruhe auftreten. Sie laufen ohne erkennbare Absicht umher. Sie sind nicht im Spiel oder mit konzentrierter Bewegung beschäftigt. Hier gilt es die Interessen und Themen (s. 4. Kapitel) zu erkennen und entsprechendes Material zur Verfügung zu stellen. Der Raum mit seinen Möglichkeiten ist hier das Angebot.

> »Es bedarf sorgfältiger Beobachtung, um richtig einzuschätzen, wieviel und welches Spielmaterial in der jeweiligen Gruppe benötigt wird, damit jedes Kind seinem Interesse und seiner Entwicklungsstufe gemäß auswählen kann, was ihm gerade zusagt. Falls mehrere Kinder mit einem bestimmten Gegenstand gleichzeitig spielen möchten, brauchen sie eine entsprechende Anzahl davon. Andererseits soll ein Zuviel an Spielsachen die Bewegungsfreiheit der Kinder auch nicht einschränken.« (Kálló/Balog 1996, S. 29 f.)

Die richtige Mischung von vertrautem Spielmaterial und neuen Anregungen bereitzustellen, ist eine interessante und wichtige Aufgabe für die Pädagogin. Immer das gleiche Material ist auf Dauer langweilig. Ständig neues Material anzubieten, verhindert die vertiefte und konzentrierte Auseinandersetzung. Außerdem fühlt sich das Kind gesehen, wenn es Material wiederholt angeboten bekommt. Da ist jemand, der es mit seinen Vorlieben kennt. Es fühlt sich wertgeschätzt, wenn dieses vertraute Material mit neuen Dingen, an denen es interessiert ist, ergänzt wird.

Eine Umgebung gut und täglich vorzubereiten, braucht räumliche Voraussetzungen. Noch viel zu selten gibt es in Krippen Materialräume. Auch der Gruppenraum könnte durch Regale, die bis zur Decke oder unter der Decke angebracht sind, Kisten mit Materialien aufnehmen. Nur so ist die Pädagogin in der Lage, täglich ein gutes Angebot zu machen. Für die Kinder sollten die Materialien sichtbar und ansprechend als Spielinsel vorbereitet und jederzeit zu erweitern sein.

Fragen an die Pädagogin

?

Beobachte ich die Kinder und gestalte den Raum entsprechend?
Schaue ich täglich, womit die Kinder heute spielen, was für Bewegungsbaustellen es gibt?

Wenn jedem Kind Zeit gelassen wird, sämtliche Bewegungsformen allein zu entwickeln, dann sollte der Raum entsprechendes Material anbieten. Damit das Kind Bewegungsabläufe wiederholen und damit trainieren kann, sollte dieses Angebot nicht nur zu bestimmten Zeiten stattfinden. Materialien, die transportabel und variabel sind, eigenen sich besonders gut. So kann flexibel auf den Entwicklungstand der Kinder reagiert werden. Hier sind

- Podeste; Schrägen und Hügel zum Klettern, Begehen und Kullern;
- Hölzer, die auf dem Boden liegen und zum Balancieren, Bauen und Kippeln einladen;
- Holzdreiecke mit Leitern und Rutschbrettern zum Einhängen in verschiedenen Höhen und
- Würfel und Tunnel zum Durchschlängeln, Kriechen, Verstecken und Hochklettern zu nennen.

Alle Materialien sind miteinander kombinierbar und dienen als vielseitige und bewegliche Bauelemente. Sie bieten den Kindern die Möglichkeit, sich Bewegungslandschaften zu bauen, die sie in ihrem eigenen Zeitmaß und ihrer eigenen Dynamik erkunden dürfen und die der Entfaltung ihrer

Geschicklichkeit und Bewegungsfreude Raum geben. Auch feststehende Elemente wie Treppen, Hochebenen und Sprossenleitern laden Kinder ein, sich Bewegungsabläufe zu erarbeiten. Teppiche machen nur Sinn, um im Raum einen Spielraum oder einen Treffpunkt anzuzeigen. Gut, wenn sie beweglich sind.

Ein Beispiel gibt Jennifer, Erzieherin. Sie lässt sich auf die Gedanken und Ideen zur Raumgestaltung für Bewegung ein und schreibt mir. Teilen wir ihre Begeisterung:

Am Abend nach einem mal wieder super gelungenen Fortbildungstag ging mir wortwörtlich ein Licht auf. Alle Inhalte, Übungen und Erklärungen nahm ich schon während der Fortbildung konzentriert auf, aber ich merkte, dass meine Gedanken parallel dazu ständig in meine Einrichtung, zu unseren Kindern und Kolleg*innen, wanderten. Ich war nach diesem Tag so voller Motivation und Tatendrang, dass ich gefühlt alles noch an diesem Tag schaffen wollte, was ich mir für die nächsten zwei Wochen vorgenommen hatte.
Normalerweise gehe ich früh ins Bett. An dem Abend konnte und wollte ich nicht früh ins Bett gehen, hatte aber bis dahin hierfür noch keine Erklärung. Als ich aber dann doch endlich in meinem Bett lag und einschlafen wollte, gelang mir das nicht. Es ging nicht, weil in meinem Kopf noch Bilder, Ideen und wortwörtliche Sätze umherschwirrten. Auf einmal hatte ich das Gefühl, dass mir jemand mit einem riesigen Hammer auf den Kopf schlug und für mich wurde innerhalb einer Millisekunde klar, wieso unser Krippenalltag so ist, wie er zurzeit ist. Nämlich angespannt und stressig. Aber auch nur, weil wir es sind, die angespannt sind und Stress verbreiten. Seit langem zergrübeln wir uns den Kopf, wie wir mehr Bewegungselemente in unseren Gruppenraum einbringen können und was mit einigen unserer Kinder los ist, die einfach nicht ins Spiel finden. Und in diesem Moment wurde mir blitzartig klar, dass unser Verhalten, unsere Materialien es sind, welche die Kinder so unausgeglichen sein lassen. Dass wir einfach drei bis vier Regale komplett aus dem Gruppenraum rausstellen müssten, damit wir Platz für Bewegung haben. Dies sind nur wenige Beispiele, die mir klar geworden sind. Für total viele Sachen hatte ich auf einmal eine Alternatividee und ich wusste zu 1000 Prozent, dass diese Ideen genau so richtig sind. Ich fühlte mich bestärkt und konnte sie mit wirklich verständlichen Erklärungen belegen. In dem Moment war mir nicht klar, dass ich dieses Fachwissen nun besitze oder wo es plötzlich herkam. In meinen Gedanken redete ich schon mit meinen Kolleg*innen und erzählte ihnen von all meinen Verbesserungen und Anregungen. Jedes Wort war total klar in meinem Kopf, so als würde

ich mich selbst beim Reden beobachten. Ich wollte nicht schlafen, sondern sofort aufstehen, mich fertig machen und wieder zur Fortbildung fahren, um es mit all den anderen zu teilen.

Vielfältige Bewegungsmöglichkeiten sollten auch im Außengelände zu finden sein. Der Untergrund sollte draußen möglichst natürlich und drinnen möglichst fest sein. So können Kinder sich auf sicherem Grund körperlich selbst erfahren und haben Freude an ihrer Beweglichkeit.

Gehen wir nach draußen. Fahrwege sind angelegt, es gibt einen Parkplatz für Fahrzeuge. Nicht nur Bobbycar und Roller, auch Schubkarre, Kinderwagen und Sackkarre sind wunderbare Transportmittel für Personen und Dinge. Kinder finden Sand- und Wasserplätze und viele Alltagsgegenstände wie Pfannen, Gefäße, Gießkannen, Töpfe, Geschirr, Schaufeln, Siebe als Spielzeuge. Es gibt einen »Bauhof«, abgegrenzte Plätze, Behälter, Regale oder Abteilungen, wo Kinder mit Material wie Sand, Kies und Steinen arbeiten und diese Materialien auch transportieren können. Im großen Sandkasten steht ein niedriger Tisch. Hier arbeiten die Kinder lieber als auf Umrandungen oder direkt im Sand. Es gibt auch einen Platz, an dem Geräte zum Säubern wie Besen zu finden sind. Das Buschwerk kann zu einem Wald mit geheimnisvollem Unterschlüpfen werden. Ein abgegrenzter Krippengarten, der vom Gruppenraum einsehbar ist, ermöglicht, dass Kinder nach und nach rausgehen können und die Pädagoginnen sie dennoch im Auge haben.

Bedürfnisgerechte Nutzung des Außengeländes funktioniert nur, wenn ein Team gut zusammenarbeitet. »Meine Kinder, deine Kinder« ist keine sinnvolle Haltung. Wenn die Pädagogin, die draußen ist, sich für alle Kinder zuständig fühlt, können Kinder nach Wunsch draußen sein. So finden auch Begegnungen mit Kindern aus anderen Gruppen statt. Auch im Haus bewährt sich eine offene Haltung. Allerdings müssen die jungen Kinder sich zurückziehen und die Älteren das akzeptieren können.

Frage ich Pädagoginnen danach, was sie als Kinder gern gemacht haben, bekomme ich Antworten, die vor allem auf Freiheit in der Natur hinweisen. Einige Beispiele:

- viel in der Natur entdecken,
- Gefühle von Einssein mit der Natur,
- am Bach sein,
- auf den Wiesen mit Strohballen spielen,
- als Pferd durch die Stoppelfelder galoppieren,

- Zeit am Nachmittag haben, sich draußen bewegen,
- ohne eine Verabredung mit Freunden draußen sein,
- frei und unbelastet ohne Termine sein,
- Schrebergarten mit Spiel, Gemüse und Tieren,
- viel Platz im Garten und auf dem Bauernhof,
- mit Nachbarskindern Spielzeug und Ideen tauschen.

In der heutigen Welt finden sich weniger Möglichkeiten für solche Erfahrungen. Gestalten wir also das Außengelände auch für die Jüngsten so, dass sie oft draußen spielen können. Mal unter freiem Himmel zu essen, sich auch dort ausruhen zu können oder gewickelt zu werden, ist bei schönem Wetter für alle eine erfüllende Erfahrung.

Laden Räume und Material Kinder zum selbstständigen Tun ein, findet selbsttätige und wirksame Bildung statt, drinnen wie draußen. Verzichten Pädagoginnen darauf, selbst mit den Kindern zu spielen, entsteht auch die notwendige Zeit für die liebevolle Pflege.

Gehen wir in das Bad. Hier finden wir eine Waschrinne. Es sind verschiedene Wasserhähne angebracht, zum Öffnen und Schließen sind unterschiedliche Handgriffe notwendig. Die Kinder lernen sie hier kennen. Kleine Plastiksäckchen bewahren die Seife auf, sie rutscht den Kindern bei der Benutzung nicht aus den Händen und trocknet nach der Benutzung gut. Die Stoffhandtücher trocknen gut und werden oft gewechselt. Es findet sich auch ein Regal oder ein Behälter, in dem viele Wasserspielzeuge aufbewahrt werden. Dazu gehören Gießkannen, Siebe und verschiedenste Gefäße. Auch ein paar Steine und Korken können ein interessantes Material sein. Kinder erfahren von selbst, was schwimmt und was untergeht. Auch Schwämme, Lappen und Bürsten sowie Klammern und Wäscheleine sind beliebtes Arbeitsmaterial. Vielleicht ist sogar Platz für ein Becken, in dem Plansch- und Wasserspiele stattfinden können.

Auf jeden Fall finden wir zwei Toiletten in unterschiedlicher Größe. Die Kleinere bietet so viel Platz, dass auch ein Töpfchen an die Seite gestellt werden kann. Zu Beginn der Sauberkeitsentwicklung ist das Miteinander eher unterstützend. Die größere Toilette ist abgeteilt und bietet schon einen respektvollen Raum für beginnende Gefühle von Intimität.

Ein besonders wichtiges Möbelstück stellt der Wickeltisch dar. Schauen wir uns einmal drei Varianten mit gleichen Funktionen genauer an:

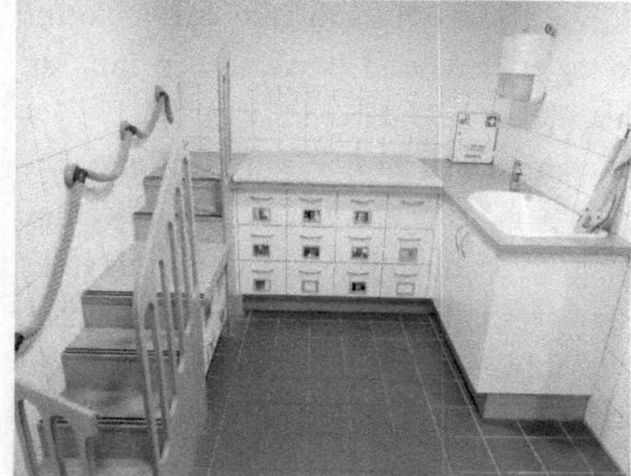

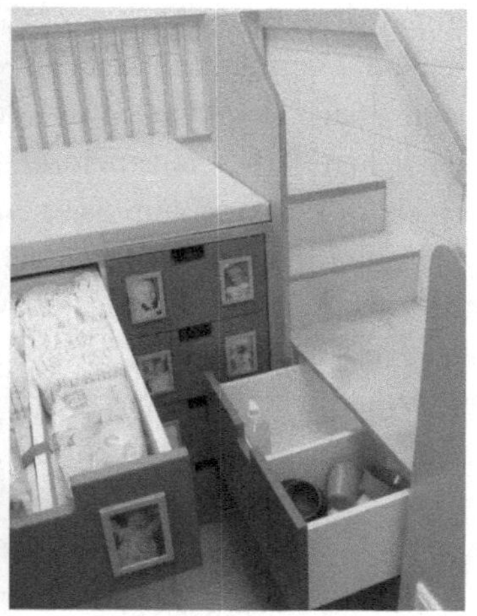

Die geschlossene Tür zum Wickeltisch gibt Sicherheit. Wenn sie geöffnet ist, wirkt sie einladend. Viele Kinder lieben das Öffnen und Schließen, es wird mit Worten wie »auf, zu« begleitet und gern wiederholt. Die Pädagogin kann mit dem Kind ins Gespräch kommen und seine Handlungen begleiten wie »Ich sehe, du machst die Tür auf«. Oder »Du möchtest schnell weiter, ich schließe die Tür hinter dir«. Vielleicht hat das Kind auch schon eine Windel ausgesucht und trägt sie allein hoch. Beim Hochgehen auf der Treppe kann sich das Kind aussuchen: Sichert es sich an den festen Stäben oder geht am beweglichen Seil oder klettert es frei nach oben. Ein Platz lädt die größeren Kinder zum Wickeln im Stehen ein und schont so den Rücken der Pädagogin.

Oben angekommen findet das Kind am Gitter Halt. Wickelauflagen müssen flach und groß sein und dürfen nicht verrutschen. Ein Handtuch für jedes Kind zum Unterlegen ist ausreichend. Je fester der Untergrund, desto sicherer kann sich das Kind bewegen und beim Wickeln mittun. Es kann sich auch auf dem Wickeltisch festhalten, sich sichern und sich aktiv am Anziehen beteiligen. Dabei das Gleichgewicht zu halten ist eine Aufgabe, die es kompetent sein lässt. Die Pädagogin kann frei arbeiten und muss das Kind nicht festhalten oder es in seinen Bewegungen mit Aufforderungen wie »Setz dich mal hin.« einschränken.

Die Fächer oder Körbe für Pflegematerial und Wechselwäsche sind groß und stabil. Sie beherbergen die persönlichen Dinge des Kindes und ermöglichen es, die Pflegesituation gut vorzubereiten, um dann mit voller Aufmerksamkeit beim Kind zu sein. Deshalb ist auch von einem Fenster hinter dem Wickeltisch sowie von Mobiles oder Spielzeug abzuraten. Es lenkt die Aufmerksamkeit von Kind und Erwachsenem für die beziehungsvolle Pflege ab und erschwert die Körperwahrnehmung für das Kind. Oft entstehen in diesen gemeinsamen Momenten lustige Dialoge, wie im Beispiel des 3. Kapitels ein Nase-Nase-Spiel.

Außerdem darf die Pädagogin das Kind auf dem Wickeltisch aus Sicherheitsgründen nie allein lassen, was ein Fenster suggeriert.

Ein Waschbecken, so groß, dass das Kind dort auch bei Bedarf abgeduscht werden kann, ergänzt den Wickelplatz. Der Wasserhahn ist ausziehbar und wird so zur Dusche.

? **Fragen von Vanessa, einer Krippenberaterin, an die Pädagogin**

Was finde ich an unseren Räumen gelungen?
Was nervt mich an diesem Raum?
Wenn ich drei Dinge sofort verändern dürfte, was wäre es?
Woran fehlt es uns am meisten?
Was davon ist am dringendsten?

Zum Abschluss seien noch zwei Aspekte angesprochen. Zum einen das Mitbringen von eigenem Spielzeug. Zum anderen das Lied von Chaos und Ordnung, vom Aufräumen. Es gibt in vielen Kitas Regeln für diese beiden Bereiche. Kinder dürfen an bestimmten Tagen etwas Bestimmtes von zu Hause mitbringen. Zu bestimmten Zeiten, mit bestimmten Ritualen wie Aufräumglöckchen oder Absingen eines Liedes, werden die Kinder zum Aufräumen aufgefordert.

In Erinnerung an die Art, wie junge Kinder die Zeit (s. 5. Kapitel) wahrnehmen und in ihr leben, erscheint ein solches Vorgehen nicht angemessen. Wenn ein pädagogisches Ideal verfolgt wird, das den jeweiligen Erkenntnishorizont des Kindes berücksichtigt, müsste der aktuelle Entwicklungsstand bei der Beantwortung dieser Fragen berücksichtigt werden.

Wenn Kinder beginnen, sich als eigenständige Person zu verstehen, die handlungsfähig ist und die einen eigenen Willen hat, dann erleben sie auch, dass Dinge zu ihnen gehören. Dieser Besitz wird gern verteidigt und später auch geteilt, verliehen und verschenkt. Wieder später wird viel Energie in die Vermehrung von Besitz gesteckt und manchmal wird er, noch später, bewusst wieder vermindert. Ältere Menschen erleben dies oft als Erleichterung. Besitz kann beglückend und belastend sein. Eine lebenslange Aufgabe, hier die richtige Mischung zu finden.

Die kleinen Kinder stehen am Beginn dieses Prozesses. Sie wollen in der Fremdbetreuung Dinge haben, die dann für einige Zeit zu ihnen gehören. Sie wissen aber auch, dass es Dinge gibt, die in besonderer Weise zu ihnen gehören. Diese Dinge kommen von zu Hause. Sie können verschiedene Bedeutungen haben und verschiedene Gefühle auslösen, wie das Übergangsobjekt. Spielzeuge, die Kinder stolz und gern mitbringen. Jeden Tag etwas Eigenes mitbringen zu dürfen, wie wäre das aus der Perspektive des Kindes?

Kein Problem, einfach eine Möglichkeit, die nicht einmal jeden Tag genutzt wird, wenn es erlaubt ist. Kitas, die das ermöglichen, berichten, dass es keine Probleme gibt. Es stellt einfach etwas Normales dar, wenn man etwas Eigenes dabeihaben kann. Schließlich ist man den ganzen Tag nicht zu Hause. Das Verbot keine mit Batterie betriebenen Dinge mitzubringen, da sie zu laut sind, kann man gut setzen. Es dient allen.

Der zweite Aspekt: Das Aufräumen. Hier stellt sich die Frage nach dem Wie, Wann, Wo und Warum.

Das Leben gestaltet sich natürlicherweise zwischen Chaos und Ordnung. Alles ist in Bewegung. Gerät durcheinander. Das löst eine Sehnsucht nach Ordnung aus. Aufräumen schafft Ordnung. Alles gerät erneut durcheinander, um irgendwann wieder einen Impuls auszulösen, dass doch mal Ordnung gemacht, aufgeräumt, geputzt, aussortiert werden sollte. Frische und Klarheit ziehen ein. Ein ewiger Kreislauf, der nicht nur im Haushalt, im Kleiderschrank oder in den Steuerpapieren auftritt.

Menschen haben die Sehnsucht, die Welt zu begreifen, ja sie in eine Ordnung zu setzen, um sie besser fassen zu können. Das Bewusstsein von sich selbst und der Begrenztheit des Lebens führt dazu, Zusammenhänge begreifen zu wollen. Irgendwie versuchen Menschen zu verstehen, wie alles zusammenhängt. Das große Wie, Wann, Wo und Warum des Lebens und des eigenen Seins möchte verstanden werden. Mit Wissenschaften, Gesetzen, Schöpfungsmythen und Religionen verschaffen Menschen sich Ordnungen, Regeln und Rituale. Das reicht von ganz banaler Ordnung, wie der in den eigenen vier Wänden, über politische Systeme, die wir uns geben, bis hin zu spirituellen Erfahrungen, die uns geschehen können. Menschen sind ein Gutteil ihrer Lebenszeit damit beschäftigt, sich in dem Chaos der Ursuppe, aus der wir kommen, zurechtzufinden.

? **Fragen an die Pädagogin**
Habe ich Freude am Aufräumen?
Und Lust am Chaos?

Junge Kinder entwickeln schon früh diese Neigung zur Ordnung. Sie beginnen Dinge zu greifen und sie sich anzuschauen. Sie berühren sie mit dem Mund, mit der Region ihres Körpers, die bisher durch das Saugen und Nuckeln am meisten auf feine Wahrnehmung trainiert ist. Sie nehmen die Dinge sinnlich war. Nach einiger Zeit entdecken sie Bekanntes wieder, freuen sich, wenn Spielzeuge vertraut sind. Ihr Spiel wird vertiefter, sie beginnen zu forschen. Wenn es mehrere Varianten einer Sache gibt und viel von etwas, beginnen sie nun Ähnlichkeiten festzustellen. Dinge gleichen sich genau, z. B. mehrere gleiche Holzringe oder sie sind ähnlich, haben doch kleine Unterschiede, z. B. Bausteine in verschiedenen Größen. Sie erkennen nun Kategorien und beginnen zuzuordnen. »Was gehört zu was?«, scheinen sie sich zu fragen. Sie beginnen gleiche oder ähnliche Dinge zu sortieren, aufzureihen und aufzuhäufen. Sie schaffen Ordnung!

Stören wir sie bei dieser wichtigen Arbeit nicht durch das Aufräumlied oder -glöckchen! Sondern verstehen wir, dass hier Fähigkeiten erlernt werden, die zu einem Aufräumen der anderen Art führen. Nicht das mechanische Aufräumen, bei dem alle zur gleichen Zeit das Gleiche tun müssen, sondern das sinnvolle Aufräumen, das dem Entwicklungsstand des Kindes entspricht, ist pädagogisch angemessen.

Wenn ich Pädagoginnen frage, ob sie gern aufräumen, sind es immer wenige in einer Gruppe, die diese Frage mit einem freudigen »Ja!« beantworten. Ich finde es schade, dass wir Kindern nicht eine Art des Aufräumens beibringen, die ihnen Spaß macht und zu der sie reif genug sind. Müssen wir doch alle im Leben recht viel Zeit damit verbringen, Ordnung herzustellen. Es wäre doch schön, wenn diese Zeit genussvoll wäre, oder?

Fragen wir uns einmal, wann es sinnvoll ist, aufzuräumen oder einzelne Spielzeuge einzusammeln:

- Wenn die Kinder nicht gut spielen.
- Wenn kein Interesse mehr an bestimmten Spielzeugen besteht.
- Wenn die Bewegungsfreiheit sehr eingeschränkt ist.

- Wenn ein Teil des Raumes für etwas anderes gebraucht wird.
- Wenn geputzt werden soll.

Lauter Gründe, die nachvollziehbar und vermittelbar sind. Dagegen wirkt der Ruf nach dem Aufräumen des ganzen Raumes zu einer Zeit, die Erwachsene einmal festgelegt haben, in keiner Weise motivierend. Die Kinder laufen dann durcheinander, verlieren sich wieder im Spiel, es wird laut, hektisch, sie bekommen kurze, nicht immer freundliche Anweisungen, es wirkt angestrengt und fühlt sich unangenehm an. So wird das Aufräumen nicht zur Freude. Alle sind froh, wenn es vorbei ist. Man möchte es nicht so bald wieder machen.

Dagegen kann man ruhiges Handeln, kleine Gespräche und ein Miteinander beobachten, wenn sinnvoll aufgeräumt wird. Kinder machen freiwillig mit, wenn die Erwachsenen beginnen und benennen, warum sie jetzt einen Bereich aufräumen. Wenn ihnen erläutert wird, wozu aufgeräumt wird und wann es Platz und Ordnung braucht, ist das auch für junge Kinder verständlich und sie tun gern mit. Und wenn sie gerade nicht aufräumen wollen, liegt es daran, dass sie gerade mit etwas anderem beschäftigt sind. Stören wir sie dabei nicht, sie lernen.

Damit Kinder gut lernen und spielen, ist es notwendig, ihnen viel Material zur Verfügung zu stellen, s. Kapitel 4. Das stellt nicht nur die Anforderung an uns, die kindliche Umgebung vorzubereiten, sondern auch eine sinnvolle Ordnung zu halten. Dafür sind die Pädagoginnen zuständig. Auch dies ist eine anspruchsvolle Aufgabe, die den Kindern Bildung ermöglicht. Vielleicht kann man aus diesem Blickwinkel als Pädagogin wieder eine Freude am Aufräumen und Gestalten finden. Die Pädagogin ist auch beim Aufräumen ein Vorbild und prägt die zukünftige Haltung des Kindes zu Ordnung, zum Aufräumen und Putzen entscheidend mit.

Während des Aufräumens tut man gut daran, immer wieder einmal zu schauen, was im Raum Platz wegnimmt und wenig oder gar nicht benutzt wird. Halten Sie auch Ausschau nach ungeeignetem Material, wie z. B. Motorikschleifen, die für die Therapie von eingeschränkten Kindern gedacht sind, oder nach Gesellschaftsspielen und Puzzeln, die junge Kinder noch gar nicht verstehen, geschweige denn allein bespielen können. Schaffen Sie Platz für die wirklich interessanten Dinge in der frühkindlichen Welt!

7 Meins! Nein! Partizipation?
Durch Sprache feinfühlig handeln und Konflikte begleiten

Dieses letzte Kapitel liegt mir sehr am Herzen. Auf einer Party wurde ich von einem Politiker gefragt, was ich denn für die Demokratie tue. »Viel.«, war meine Antwort, denn Pädagogik ist politische Arbeit. Erleben Kinder, dass sie bei uns sicher sind, sich zu Hause fühlen können? Machen sie die Erfahrung gesehen, verstanden und geliebt zu werden? Können sie erkennen, dass sie ihren Alltag mitgestalten können oder wird Anpassung und Leistung durch Regeln und Förderung von ihnen erwartet. Ich bin erschrocken, wenn schon Vierjährige davon sprechen, dass sie gute Zensuren haben wollen und dann aufs Gymnasium gehen werden.

Demokratie braucht Menschen,

- die kooperationsfähig sind,
- die sich zugehörig fühlen,
- die sich gern engagieren und beteiligen,
- die für Neues und Fremdes offen sind,
- die gute Traditionen bewahren,
- die in offenen Gemeinschaften leben,
- die sich lebenslang weiterentwickeln wollen,
- die ohne Gewaltanwendung durchsetzungsstark sind
- und die empathisch und sozial sind.

Kinder brauchen die Erfahrung, dass sie selbst und auch die anderen mit unterschiedlichsten Charakteren in der Gruppe oder in der Familie sein dürfen. Sie leiden darunter, wenn sie oder ein anderes Kind ausgeschlossen werden. Weil sie zugehörig sein wollen, besteht ein starkes Bedürfnis nach Harmonie. Hier ist eine bedeutsame Grundlage zur Demokratiefähigkeit zu sehen.

Darum können Pädagoginnen sich fragen: Wie lernt der Mensch, sein eigenes Leben zu gestalten und gut für sich zu sorgen und gleichzeitig anderen Menschen gegenüber empathisch zu sein? Wie wird er zu jemandem, der sich verantwortlich für die Welt fühlt? Wie wird er kritisch und engagiert und dabei glücklich und zufrieden? Dazu gehört auch, nicht an der Welt und an sich selbst und den Mitmenschen zu verzweifeln.

Nicht immer hat man Grund, sich an sich selbst zu erfreuen. Zum Beispiel, wenn sich die nicht gelebten Anteile melden. Oder, wenn man sich an all die Ärgernisse erinnert, all die Sehnsüchte, die Sorgen und Ängste, die Wünsche und die Wut, die man manchmal fühlt. Oder an all die großartigen Begabungen, die noch nicht zur Entfaltung kommen durften. Sind sie zu betrauern oder kann ein Teil von ihnen noch verwirklicht werden?

Hören wir einmal auf unser Inneres, was liegt hinter den Gefühlen, die sich Gehör verschaffen wollen und auf Entwicklung warten? Auf das innere Kind zu hören und für die verschiedenen eigenen inneren Anteile Verantwortung zu tragen, bedeutet, sich selbst weiter zu entwickeln. »Es ist nie zu spät für eine glückliche Kindheit.« Dieser Satz, der sowohl Erich Kästner als auch Milton Erikson zugesprochen wird, weist auf etwas Wichtiges hin: Als erwachsene Menschen haben wir unsere Eigenfürsorge selbst in der Hand und können bewusst glückliche Momente initiieren. Als Pädagoginnen sind wir gehalten, auch uns selbst immer weiter zu entwickeln und so zum guten, demokratischen Miteinander beizutragen.

In dieser Funktion tragen wir eine große Verantwortung für junge Menschen. Sie leben in Abhängigkeit von uns. Ein Machtgefälle. Sie brauchen uns auch als Vorbild für den Umgang mit den eigenen inneren und äußeren Diskrepanzen. Die jungen Kinder lernen von uns Erwachsenen die Umgangsformen für ein menschliches Miteinander und erleben die Anleitung zum Glücklichsein. Das ist eine große Herausforderung im Alltag der Kinderbetreuung.

> »Wir erfahren – ob in der Familie oder in den Institutionen – eine erste Form von ›Regierung‹ – und speichern dabei ab, wie die uns Nahestehenden mit Macht und Herrschaft umgehen. Ja, hier erleben wir überhaupt, worauf sich Beziehungen generell begründen: ob sie auf Vertrauen und Kooperation aufbauen – oder auf Überlegenheit und Stärke.« (Renz-Polster 2019, S. 2)

Kinder erleben nicht nur, wie mit ihnen selbst umgegangen wird, sie erleben auch die Art des Miteinanders der Erwachsenen untereinander. Sie bekommen mit, in welcher Art und Weise die Pädagoginnen ihre Zusammenarbeit mit anderen Erwachsenen, besonders die mit Kolleg*innen, Vorgesetzten und den Eltern, gestalten. Wie verlaufen Entscheidungsprozesse, wie alltägliche Absprachen? Und wie wird mit den vermeintlichen Unzulänglichkeiten der anderen umgegangen? Wie ist die Atmosphäre? In welcher inneren Haltung befinden sich die Pädagoginnen?

Gespräche oder Gedanken wie »Das machen wir schon immer so«; »Die machen das immer so«; »Schrecklich, wie die immer …« usw. machen uns oft unbewusst handlungsunfähig. Sie sind dazu noch ein negatives Vorbild. Glauben wir nicht, dass die Kinder dieses nicht bemerken. Die vermeintliche Befriedigung ist kurz, wenn man über andere herzieht.

Das ist keine Haltung, die zu Frieden und Demokratie führt. Gute Weiterentwicklung der eigenen Person, in den Teams und mit den Eltern geht anders. Daniel, ein Erzieher, hat mich beeindruckt. Zum Abschuss einer Supervision sagte er zu seinem Team, dass er ab morgen gar nicht mehr über andere ohne deren Beisein sprechen würde.

Haben wir den Mut, mit Humor und Direktheit mit anderen zu sprechen, gerade dann, wenn uns etwas am anderen missfällt. Meine ehemalige Kollegin Elvira, eine Altenpflegerin, hatte eine gute Form dafür auf Lager. Wenn sie einen Satz mit »Schätzchen, ich will dir mal was sagen …« begann, wusste man schon, gleich danach äußerte sie etwas, was ihr nicht passte. Durch den freundlichen Beginn, der von einem tiefen kurzen Blick begleitet war, fühlte man sich von ihr gemocht. Ja, man war es wert, dass sie Kritik übte. So kann man sich die kritische Einschätzung des anderen zum eigenen Verhalten anhören. Nicht die ganze Person wird hier negativ bewertet. Man kann sich auseinanderersetzen, ohne gleich in die Verteidigung gehen zu müssen.

Fragen an die Pädagogin

Äußere ich Kritik? Habe ich eine liebevolle Form dafür?
Kann ich Kritik annehmen? Gehe ich liebevoll mit mir um?
Wie fehlerfreundlich ist das Team, ist die Leitung?
Darf ich scheitern und Fehler vor mir selbst, den anderen und der Leitung äußern?

Das unablässige Streben nach einer pädagogischen Haltung, die den Kindern zum Vorbild wird und sie Demokratiefähigkeit ihrem Alter und ihrem Entwicklungsstand entsprechend lernen lässt, ist ein politischer Auftrag, den Pädagoginnen sich zu Eigen machen sollten. Er beginnt also bei ihnen selbst und damit, wie sie miteinander umgehen. Und natürlich damit, wie im Team und in der Gruppe Entscheidungen getroffen, Kritik geübt und Weiterentwicklung gelebt werden. Auch die Anerkennung sei erwähnt. Sie ist wichtig! Wir alle wissen aus eigener Erfahrung, wie gut es tut, wenn wir uns gesehen fühlen und auch anderen vermitteln, was uns an ihren Taten und Worten gefällt. Sie nährt unser Selbstbewusstsein.

Ein Beispiel

Leitung, Krippenerzieherin und Kindergartenerzieherin diskutieren, ob ein Kind, das in den Kindergarten wechselte, noch in die Krippe darf. Das Kind hatte gefragt, ob es seine Bezugserzieherin besuchen dürfe, und es wollte auch in seiner ehemaligen Gruppe spielen. Das Anliegen des Kindes wurde abgelehnt. Die Begründung lautete: »Dann kommt er hier nicht gut an.« Die Krippenerzieherin erinnerte an die konzeptuell verankerte Bedürfnisorientierung: »Wollen wir dem nachkommen?« Die Leitung versuchte »Diplomatie zwischen Erwachsenen« und machte einen Kompromissvorschlag: »Das Kind kann doch zu bestimmten Tagen und festen Zeiten zu Besuch kommen.« Die Krippenerzieherin ließ nicht locker: »Das stimmt doch so nicht. Das Kind hat ein Bedürfnis und wir machen eine Regel draus.« Die Leiterin gibt zu, dass ihrem Vorschlag kein Bedürfnis, sondern eine von den Erwachsenen bestimmte Vorstellung zugrunde liegt. Das konnte auch die Kindergartenerzieherin annehmen. Nun wird es ausprobiert: Das Kind fragt an, ob es zu Besuch kommen kann. Es akzeptiert auch ein »Nein«. Das Ganze läuft einfach und gut. Der befürchtete Effekt, dass das Kind sich schlecht einlebt, tritt nicht ein. Auch führt der Besuch nicht dazu, dass ständig andere Kinder das gleiche Bedürfnis äußern.

Pädagogisches Vorbildverhalten kann auch ein Anreiz zu Beteiligung für die Kinder bedeuten. Heute übliche Ansätze der Partizipation und Erziehung zur Demokratiefähigkeit im pädagogischen Alltag sind da durchaus noch entwicklungsfähig. Mit Abstimmungsverfahren, wie sie ja teilweise im Kindergarten durchgeführt werden, erzieht man keine freien und verantwortlichen Menschen. Kleine Kinder können diese Verfahren oft noch nicht verstehen. Sie lernen auswendig und passen sich an oder werden unruhig. Manchmal langweilen sie sich in diesen Sitzungen. Das alles macht keine Lust auf Partizipation und auf Demokratie!

Wie kann Partizipation in der Arbeit mit Kindern bis drei verwirklicht werden? Kleinste Kinder an alltäglichsten Handlungen zu beteiligen, davon war schon die Rede. Da geht es um die Beziehung zum eigenen Körper. In der Gestaltung von Spiel und Bewegung erfahren die Kinder sich selbst und die Dinge. In bedürfnisorientierten Tagesabläufen erleben sie ihre

Beziehung zu Zeit und Raum. Die Kinder können in allen Bereich selbst wirksam sein. Jüngsten eine friedliche Sprache zu vermitteln und ihnen im Umgang mit anderen und in Konfliktsituationen beizustehen, ist eine weitere Aufgabe.

Welche Überzeugungen und Werte und welches Wissen braucht es hier, um mit Kindern zukunftsfähige Fähigkeiten zu entwickeln? Der eigene Bezug zur Umwelt, die persönliche Einordung in die Welt, die Erfahrung von Heimat und die Freude an der Schöpfung bilden hier die Grundlagen, aus denen demokratisches Handeln erwachsen kann. Außerdem ist nach dem Sinn des Miteinanders in Gruppen zu fragen. Wenn Pädagogik dem friedlichen und lebendigen Leben dienen soll, dann muss das Gleichgewicht zwischen Bewahrung und Benutzung der Welt gefunden werden. In welcher Beziehung steht der Mensch zur Welt? Wird den Kindern überhaupt Gelegenheit gegeben, die Natur kennen zu lernen? Können sie eine Beziehung zu ihr eingehen, sich berühren lassen und erleben, dass in dieser Begegnung etwas Neues in ihnen entsteht?

Damit sind einfache Erfahrungsmöglichkeiten gemeint. Können Kinder draußen sein, egal welches Wetter ist? Dürfen sie natürliche Materialien bespielen? Haben sie einen freien Zugang zur Welt der Natur? Kennen Kinder Wald und Wiese oder haben sie nur ein gepflegtes Außengelände und werden einmal im Jahr zur Waldwoche geschickt? Dürfen sie mit »Stöckern« und Steinen spielen oder haben Pädagoginnen Ängste, dass dann Gewalt und Verletzung einziehen?

Hinter solchen pädagogischen Gestaltungsräumen stecken verschiedene Menschenbilder. Eines, das Eingebunden sein in Natur und Gemeinschaft bedeutsam findet. Oder eines, das sich auf Gegeneinandersein oder Habenwollen konzentriert. Wenn Kinder sich etwas wegnehmen oder sich wehtun, benennt die zweite Vorstellung eine Person, die wegnimmt und eine, der geschadet wird. Oft werden Konflikte dann so begleitet, dass Kinder sich entweder als Opfer oder als Täter*in erleben. Diese Form der Konfliktbewältigung möchte ich hinterfragen und als erneuerungsfähig bewerten.

In Konfliktsituationen wird oft nach den Gründen gefragt: »Warum hast du …?« Es wird nach dem*der Verursacher*in gefragt: »Wer hat …?« Es wird nach dem Ablauf gefragt: »Wer hat zuerst …?« Diese Fragen vermitteln, dass es eine klare Abfolge gibt und man feststellen kann, wer, wann und warum einen Konflikt begonnen hat. Es scheint so, als wolle man mit diesen Fragen einen logischen Verlauf des Geschehens und damit eine*n Täter*in und ein Opfer benennen. Und daraus resultiert dann eine Entschuldigung für den*die eine*n und eine Konsequenz für den*die andere*n. So einfach ist es nicht …

Einfühlungsübung
Erinnere dich an einen eigenen Konflikt mit einem dir lieben Menschen.
Wer hat wann was gesagt oder getan? Wer hat angefangen?
Warum hast du etwas gesagt oder getan?
Weißt du genau, wie es zu dem Streit kam?

Auch Erwachsene landen zuweilen in einem Kreislauf. Reden, erklären, bestreiten, schreien, weinen – nichts hilft dann wirklich weiter. Die oben genannten Fragen sind nicht mehr zu beantworten. Jede*r hat eine eigene Erinnerung. Man möchte vielleicht, dass der*die andere sein Unrecht einsieht und dass er*sie anerkennt, dass man selbst auf der richtigen Spur ist. Gleichzeitig ist man vielleicht lieber selbst das Opfer als der*die Täter*in. Eine verzwickte Situation, die oft nur mit Abstand, Humor und Verständnis zu klären ist.

Wenn es um friedliches Miteinander gehen soll, das Beteiligung als Weg und Einigung zum Ziel hat, macht ein anderes Denkmodell wesentlich mehr Sinn. Die Einteilung in Schuldige und Erduldende macht letztlich beide Seiten zu Leidenden. Welches Kind möchte immer der Haudegen oder das Mauerblümchen sein? Auch geschlechtsspezifische Zuschreibungen haben hier Hochkonjunktur. Der persönliche Status wird in beiden Rollen als niedrig erlebt, das führt zu Frust und Aggression. Gefühle von Schuld und Beschämung werden erlebt, die zu Handlungslähmungen führen. Eine denkbar schlechte Voraussetzung, um aktiv nach gemeinsamen Lösungswegen zu suchen. Partizipation geht anders.

Entscheidend ist, was in einer Konfliktsituation zwischen den Menschen passiert. Nur in diesem Zwischenraum, dem Beziehungsraum nämlich, kann etwas Neues entstehen. Zuerst wird darauf verzichtet, Opfer und Täter*in zu finden. Mit dieser Überzeugung können alle Seiten ihre jeweilige Sicht in die Mitte legen und müssen sich nicht verteidigen. Stellen sie sich dieses bildlich vor: Absichten, Sorgen, Probleme, Ärger und Schmerz werden von den Beteiligten geschildert oder, bildlich gesehen, offen auf den Tisch gelegt. So kann man gemeinsam betrachten, was Probleme macht. Dann kann man sich fragen, welche Bedürfnisse hinter dem Problem liegen. Und schauen welche Möglichkeiten der Lösung, im Sinne einer Einigung, sich daraus ergeben. Eine Einigung, die mehr ist als ein Kompromiss, lässt beide Seiten etwas Neues erkennen und erleben. Ein besonderer Moment! Das Besserwissen aufzugeben und so in Beziehung zu bleiben. Offen und neugierig sein für das, was jetzt geschehen will. So hätte ein Konflikt oder eine Auseinandersetzung den Sinn, etwas Neues entstehen zu lassen, mit dem alle am Prozess Beteiligten eine positive Erfahrung machen.

In solchen Prozessen kann man die Angst vor Auseinandersetzung verlieren und Mut zu klaren Worten finden. Das Reden über andere würde weniger werden. Wir wissen aus eigener Erfahrung, welches Unwohlsein dieses »hinter dem Rücken reden« bei uns auslöst.

Hartmut Rosa beschreibt diese andere Möglichkeit menschlicher Beziehungen so, »dass sie sich als Wesen begegnen, die einander etwas zu sagen haben, die sich vom Anderen erreichen lassen und selbstwirksam zu antworten vermögen, und zwar so, dass sich alle dabei verwandeln« (Rosa 2019, S. 39).

Ist ein solches Verständnis der pädagogischen Haltung mit jungen Kindern umzusetzen? Es ist erstaunlich, wie Kinder reagieren und welche Kompetenzen sie zeigen, wenn wir ihnen in der Annahme begegnen, eine Interaktion mit ihnen verändere nicht nur sie, sondern auch uns selbst.

Ein Beispiel beschreibt Dennis, Erzieher:

Empathie im Krippenalter

Achtzig Prozent der Konflikte, welche von unseren Kleinen in der Krippe ausgetragen werden, sind Interessenkonflikte, die sich um Spielmaterialien oder das gleichzeitige Tun selbst drehen. Was in den zwanzig Prozent der übrigen Konflikte stecken kann, soll folgende anrührende Geschichte verdeutlichen:

Ich saß in unserem Gruppenraum auf dem Boden und war mit zwei Kindern ins Spiel vertieft. Da kam ein zweijähriger Junge und setzte mir einen kleinen bunten Plastikbecher auf den Kopf. Der fiel natürlich herunter und das Kind lachte und zog gleich darauf los, um den nächsten Becher zu holen und mir erneut auf den Kopf zu stellen – mit demselben Ergebnis. So ging dieses Spielchen weiter, bis ein anderer Junge, der gerade zwei Jahre alt geworden war, dazukam und dem anderen Jungen die Becher wegnehmen wollte. Dies schaffte er aber nicht, da der erste immer ein wenig schneller war. Immer wenn der losrannte, um einen neuen bunten Becher zu holen, rannte der andere Junge hinterher und wollte ihm den Becher aus der Hand reißen. Dies tat er mit einem durch Unglück verzehrtem Gesicht und man merkte, dass dieser Junge immer unglücklicher wurde. Ich beobachtete die Situation und wartete zunächst ab, da ich nicht zu schnell in die Konfliktsituation eingreifen und sehen wollte, wie und ob die beiden Kinder diese emotionale Krise allein bewältigen konnten. Als sich die Situation zuspitzte und ich merkte, dass der Junge sich nicht aus der Situation

befreien konnte, wollte ich gerade loslaufen, um ein paar bunte Becher zu holen, um ihm eine Alternative anzubieten. Da hörte ich den kleinen leisen Satz aus seinem Munde, der mein Herz sofort berührte: »Kein Aua Dennis machen!« Der Junge wollte dem anderen deswegen die Becher entreißen, da er der Ansicht war, dass es mir wehtun würde, wenn mir diese Becher auf den Kopf gesetzt werden würden. Daraufhin begab ich mich auf die Augenhöhe des Kindes und fragte: »Hast du Angst, dass mir die Becher auf dem Kopf wehtun?« Der Junge sah mich gequält an und presste ein sehr emotionales »Jaaa« heraus. Ich erklärte ihm, dass mir dieses Spiel nicht wehtun würde und demonstrierte es, indem ich mir selbst einen Becher auf den Kopf stellte. Der Gesichtsausdruck des Jungen entspannte sich und ich sagte ihm: »Aber ich freue mich sehr, dass du dir Sorgen um mich machst!« Denn es liegt mir im Krippenalltag besonders am Herzen, sowohl die Emotionen der Kinder sprachlich zu begleiten und zu benennen als auch den Kindern meine eigene Gefühlslage zu vermitteln. Darauf lächelte der Junge, ich breitete meine Arme aus und wir drückten uns.
Ein Moment, der mir wieder sehr schön bewiesen hat, was für ein hohes Maß an Feingefühl und Beobachtungsfähigkeit in der Krippe benötigt werden. Darüber hinaus aber auch eindrucksvoll gezeigt hat, was für sozial-emotionale Kompetenzen schon die ganz Kleinen an den Tag legen. Außerdem war es für mich eine derart große Ehre, dass ich den ganzen Tag mit stolzgeschwellter Brust durch die Einrichtung lief, denn welcher Erzieher kann schon von sich behaupten, einen eigenen Bodyguard auf der Arbeit zu haben?

Hier kommen der Ausdruck von Gefühlen, ein sorgfältiges Nachdenken, das aufmerksame Zuhören, die Beachtung von Gestik und Mimik, das Sprechen mit wenigen Worten und der Wille, sich verstehen zu wollen, sowie ein hohes Einfühlungsvermögen zusammen. Viele Bausteine, die zur Konfliktfähigkeit beitragen. Eigene Annahmen und Vorstellungen über das Kind werden revidiert. Die Lösung des Konfliktes ist überraschend, bringt etwas Neues in die Begegnung und verändert die Beteiligten.

Wir brauchen die Kraft der Empathie. Schon Zweijährige haben sie. Wir brauchen Pädagoginnen, die sich auf neue »Verstehenswege« einlassen und bereit sind, zu staunen und sich verändern zu lassen, auch wenn es durch ein kleines Kind passiert. Wir erleben eine andere Qualität in Auseinandersetzungen, wenn man sich neugierig, in Offenheit und mit Respekt auf die Suche macht, verstehen zu wollen. Gefühle spielen eine große Rolle.

Das Erleben und Ausdrücken von starken Gefühlen unter Erwachsenen in Arbeitszusammenhängen wird oft als unpassend erlebt, kann Angst erzeugen und verletzlich machen. Es besteht die Sorge, dass, wenn man sich einmal traut die Gefühlsebene zuzulassen, sich alle gleich in den Armen liegen müssen oder die Tränen reichlich fließen könnten. Als Schutz lässt man es ganz sein und begibt sich auf die sogenannte Sachebene. Oft höre ich, dass man ein Problem habe und das Ganze einmal rein sachlich angehen müsse, dann würde es sich schon klären lassen. Klappt aber nicht, da Gefühle dann im Hintergrund – also im Verborgenen – ihre Rolle spielen. »Hier kann jedes sachliche Argument zum Dolchstoß in den Rücken eines Menschen werden – eine der Grunderfahrungen beruflicher Kommunikation« (Schulz von Thun 2005, S. 281). Vereinbarungen, die dann scheinbar ganz sachlich getroffen werden, sind nicht von Dauer. Denn: Wir können auch als Erwachsene das Fühlen nicht vom Denken trennen. Wir sind Wesen, die auf allen Ebenen aufnehmen, empfinden und reagieren, über die Körperwahrnehmung, das Herzgefühl, den denkenden Verstand und mit der Weisheit der Seele. All diese Ebenen spielen mit, gerade wenn es um Situationen geht, die uns stark berühren. Und das tun Konflikte allemal.

Verzichten wir doch lieber darauf, Kindern diese seltsame Trennung der Ebenen beizubringen. Realisieren wir doch stattdessen gemeinsam mit ihnen, dass denken und fühlen, Körperreaktionen und Seelenbewegungen zusammengehören und dass dieses jeweils individuelle Zusammenspiel der Ebenen die Einzigartigkeit eines Jeden ausmacht. Das obige Beispiel zeigt uns deutlich, wie bedeutend die Wahrnehmung des Zusammenspiels dieser Ebenen ist.

Sehen wir uns nun die emotionale kindliche Entwicklung in Bezug auf Konfliktstrategien an und beleuchten den pädagogischen Umgang damit. Ein Säugling schreit und ruft damit seine Mutter, seinen Vater oder eine andere Bezugsperson. Seine Gefühle sind stark mit denen dieser Person verbunden. Um Unwohlsein ausbalancieren zu können, braucht ein Säugling die Unterstützung dieser Person. Unmittelbar auf die Gefühlsäußerungen von Kleinstkindern zu reagieren, stellt also keine Verwöhnung dar. Nicht zu reagieren, würde das Alleinlassen eines bedürftigen, manchmal verzweifelten Menschen bedeuten. Das ist deutlich an seinen Schreien zu hören, es geht durch Mark und Bein. Werden Kinder liebevoll in ihren Gefühlsäußerungen ernst genommen, vertrauen sie anderen, sich selbst und der Welt.

So werden sicher gebundene, sehr junge Kinder vom Urvertrauen über manche Frustsituationen hinweggetragen. Nicht immer befriedigt zu sein, heißt, die inneren Diskrepanzen zu spüren. So spürt das Kleinstkind sich selbst. Die eigenen Bedürfnisse und Kräfte zu erleben, bedeutet eben auch, dass das »Ich« erwacht. Und ebenso die Wahrnehmung des Gegenübers. Schon früh sind junge Kinder in der Lage, auf Emotionen anderer Kinder zu reagieren. Es scheint manchmal so, als wenn sie sich von Gefühlen anderer anstecken lassen. Sie scheinen Mitgefühl kennenzulernen, indem sie einfach mit lachen, wenn sie ein Lachen hören und sehen. Oder sie beginnen zu weinen, wenn ein anderes Kind weint.

Das Getrenntsein von den Bindungspersonen löst also nicht nur Trauer aus. Es bedeutet auch, Eigenständigkeit zu erleben. Die Chance zu erkennen, sich von den vertrauten Personen entfernen zu können, anderen zu begegnen und in die Welt zu gehen. Diese Möglichkeit lockt.

Ein klares Bewusstsein über Zeit und Raum ist noch fremd, die Namen und das Verhalten von Dingen und Menschen noch neu. Alles ganz erstaunlich. Manches schon vertraut. Vieles ist unbekannt und doch sehr reizvoll. Wenn die vertrauten Personen nicht weit entfernt sind und das Kind sich durch zustimmende Blicke rückversichern kann, wird es die Welt erkunden wollen. »Da!« Das Kind sieht etwas, es zeigt mit dem Finger darauf. Nun schaut es sich um, es möchte die Neuentdeckung jemand anderem zeigen. Das kleine Kind möchte, dass jemand sein Interesse teilt, das neuentdeckte »Ding da« benennt. So kann es Dinge wiedererkennen und sie irgendwann selbst benennen. Es entsteht in ihm ein Bild von der Welt. Durch die wiederholte Benennung von Dingen, von Taten und Gefühlen wächst die Möglichkeit, sich sprachlich auszudrücken. Deshalb lieben die jungen Kinder es, Bücher anzuschauen und die Dinge als Abbildung wiederzuerkennen und zu benennen. Das wird oft wiederholt, bis später das Interesse an der Geschichte erwacht. Haben wir die nötige Geduld für diesen Prozess. Ich muss immer wieder innerlich schmunzeln, wenn ein Kind so intensiv und ernsthaft wiederholt und lernt. Es gibt nie auf und geht den nächsten Lernschritt erst, wenn der erste vollendet ist und es sich sicher fühlt.

Carl Rogers nimmt innerhalb seines Menschenbilds eben dieses an,

> »dass der Mensch eine inhärente Tendenz zur Entfaltung aller Kräfte besitzt, die der Erhaltung oder dem Wachstum des Organismus dienen. Wenn diese Tendenz nicht behindert wird, bewirkt sie verlässlich beim Individuum Wachstum, Reife und eine Bereicherung des Lebens. Das beste Beispiel hier ist wohl das menschliche Kleinkind, das in einer

einigermaßen normalen Umgebung aufwächst. Es lernt mit der Zeit zu laufen. Obwohl es sich oft genug stößt, hinfällt und frustriert ist, strebt es unablässig eine effektivere und befriedigendere Art der Fortbewegung an.« (Rogers 1987, S. 41).

Auch die unglaubliche menschliche Fähigkeit, sich selbst zu erkennen, entwickelt sich nun. Zu Beginn benennt das Kind sich selbst mit dem eigenen Namen, weil es so von anderen benannt wird. Nach einiger Zeit wird das junge Kind zu sich »Ich!« sagen können. Kurz danach erwacht das »Ich will!«.

Mit dem eigenen Willen kann man wirksam sein, spielen, forschen und entdecken. Das Wollen ist der verlängerte Arm des »Ichs«. Nur so kann selbstmotiviertes Tun entstehen. Wer nicht wollen kann, bleibt hocken. Es gilt, vom Sitzen und Krabbeln zum Stehen zu kommen und sich dann auf zwei Beinen in die große, weite Welt zu bewegen. Das Kind erlebt Selbstständigkeit. Sicher laufende Kinder fühlen sich schon recht groß. Sie schauen auf Babys herab, die sind jetzt die Kleinen. Sie selbst haben das Gefühl, alles »daleine« bewältigen zu können. Verständlicherweise sind nun »Alleine machen.« und »Nein!« ihre Lieblingssätze.

Der eigene Wille ist erwacht. Ihre Bewegungen haben ein Ziel, sie wollen wohin, wollen etwas haben, wollen etwas machen. Diese Fähigkeit, die sich nun entwickelt, ist wunderbar und wichtig für das ganze Leben. Wir bewundern Menschen, die wissen, was sie wollen. Die sich durchsetzen können. Am besten ist es natürlich, wenn diese Fähigkeit sozial verträglich ausgeübt wird, also mit Empathie und Verständnis für das Wollen der anderen Menschen. Nicht immer ein leichter Weg. Denn manchmal scheinen junge Kind wie aus heiterem Himmel Anfälle zu bekommen, die mit großem Geschrei und Gestampfe einhergehen. Erkennen wir doch, was es ist: Die sogenannten Trotzanfälle sind der Ausdruck von kindlicher Verzweiflung. Sie wollen etwas und bemerken, dass sie es noch nicht können. Oder jemand verbietet ihnen etwas, versetzt ihrem Tun eine Grenze. Die entstehende Diskrepanz ist einfach zum Heulen. Gerade hat man sich noch so groß gefühlt und nun muss man akzeptieren, dass man selbst in seinen Möglichkeiten begrenzt ist oder wird.

Die Einsicht, dass Verbote dem eigenen Schutz dienen, kann das Kind noch nicht umfänglich begreifen. Da helfen keine ausführlichen Erklärungen oder Ablenkungen. Da hilft nur Verständnis und Trost. Eine Begrenzung klar zu formulieren, sie einfach zu begründen und dabei die Gefühle des Kindes zu benennen und seine Bedürfnisse ernst zu nehmen ist hier von Nöten.

Ein Beispiel der Kindheitspädagogin und Kitaleitung Ramona

Eine Erzieherin sagt zum beißenden Kind: »Hör auf zu beißen, das tut dem anderen weh.« Im Team wird überlegt. Das Kind wisse ja dadurch noch nicht, was es tun soll. Das Team möchte den Kindern positive, nicht wertende Möglichkeiten anbieten. Die Pädagoginnen probieren Sätze wie: »Ich möchte, dass dein Mund zubleibt.« Sie nehmen das beißende Kind, wenn es möchte, auf den Schoss und äußern dann Vermutungen zum Geschehen, auch mögliche Gründe und Gefühle werden benannt. Ist es ein Hauen aus Wut oder ein Versuch der Kontaktaufnahme oder will das Kind die Reaktion des anderen erfahren? Auch wird eine Alternative vorgestellt und vorgemacht, z. B.: »Streichle so zur Begrüßung.« Die Kinder nehmen das Angebot gern an und lernen nach und nach ihre Kräfte einzuschätzen und ihr Verhalten zu regulieren.

Kein Anlass zur Sorge, dass Kinder in dieser Autonomiephase ihr Leben lang stecken bleiben und zu Egoisten werden. Ganz im Gegenteil: Junge Kinder brauchen das Ausdrücken ihres Willens, um zu sich zu kommen. Nur so können sie Teil einer Gruppe sein. Sie begegnen dann den anderen Kindern und vielen anderen Willensäußerungen. Hier entsteht großes Konfliktpotenzial und gleichzeitig ein großes Feld der Chancen. Verschiedene Willensäußerungen und Interessen begegnen sich. Sie werden zu der Erfahrung von »Ich will und du nicht« und später zu einem »Wir wollen und wollen nicht«. Das ist das Erleben des Wir-Gefühls, die Grundlage für alle positiven Entwicklungen in Gruppen bildet sich. Auch Abgrenzungen werden deutlich und bieten die Chance zu Toleranz oder zu Ausgrenzung.

Wenn junge Kinder ihre eigenen Bedürfnisse noch nicht verbalisieren und auf die Gefühle und Bedürfnisse der anderen noch nicht ausschließlich mit Worten eingehen können, wählen sie andere Verhaltensweisen. Deshalb werden Konflikte unter Umständen körperlich, z. B. durch Schubsen oder Wegdrängen, gelöst. Das Abgeben eines Spielzeugs fällt deshalb so schwer, weil sich das Kind als Besitzer empfindet: »Das gehört mir!« Konflikte dieser Art lassen sich zum Teil vermeiden, wenn die Erzieherin genügend Spielmaterial der gleichen Art zur Verfügung stellt. Spielinseln werden auf den Boden vorbereitet, damit die kleinen Kinder Angebote finden. Und doch werden Kinder manchmal so reagieren wie »Das Ding bin ich« und sich wütend-aggressiv wehren. Muss das Kleinkind doch erst lernen, dass es Dinge gibt, die nur zeitweise zu ihm gehören, wie z. B. das Spielzeug in der Gruppe.

Sieht die Pädagogin die auftretenden Konflikte als Chance an oder will sie ihn lieber schnell beenden? Erkennt sie, wie zwischenmenschliche Beziehungen entstehen, wie Kinder sich Möglichkeiten der Konfliktbewältigung erarbeiten? Genaues Schauen und Beobachten ist wichtig, um zu sehen, wie junge Kinder zu anderen Kindern Kontakt aufnehmen und dabei ihr Zusammenspiel nicht immer reibungslos verläuft. Kinder brauchen Kinder! Sie bauen eigene Beziehungen und soziales Miteinander auf. Schon früh suchen sich Kinder Gleichgesinnte. Sie haben Verbindungen über Spielvorlieben, freuen sich über ähnliches, essen gern dasselbe. Sie stellen aneinander auch Herausforderungen, weil sie natürlich auch unterschiedlich sind. So sind gerade Konflikte interessant, wenn sie sich auf einer Ebene unter Gleichen, wie in der Tagespflege oder in der Krippe, abspielen. Älteren Kindern ordnen sich jüngeren eher unter und passen sich an.

Die Begleitung von Konflikten ist ein komplexes, spannendes Geschehen. Wann sollte die Pädagogin sich einmischen, wann brauchen die Kinder ihre Hilfe?

Dafür gibt es sehr einfache Kennzeichen:

- Das Kind schaut zum Erwachsenen, es ruft mit seinen Blicken.
- Das Kind ruft nach dem Erwachsenen.
- Das Kind weint, schreit, schlägt, stampft und wirkt dabei hilflos.
- Das Kind verletzt sich oder andere.
- Das Kind leidet still, ist zurückgezogen, seine Bewegungen sind verlangsamt.
- Das Kind ist bewegungslos, schaut raus, wirkt weggetreten.
- Das Kind hat eine hohe Körperspannung, zittert, schaukelt.
- Das Kind kann sich nicht selbst regulieren und findet keine Lösung.

Das Bemerken und Beobachten eines Streits stellen also die erste und wichtige Voraussetzung für die Pädagogin dar, um entscheiden zu können, ob und wann sie eingreift und wie sie sich dann verhält.

Es kann ganz laut werden, das ist oft ein Auslöser, der die Aufmerksamkeit anzieht. Schwieriger ist es, aufmerksam zu werden, wenn es ganz leise wird, weil ein Kind sich zurückzieht und aufgibt. Auch Kinder sind schon im Grundtyp extro- oder introvertiert. Ein Kind braucht Hilfe und sorgt selbst schnell dafür, dass es gehört wird. Ein anderes möchte gefragt werden, braucht Zeit und Ruhe, um seine Enttäuschung zeigen oder in Worte fassen zu können. Die Kunst des Zuhörens und Verstehens ist hier gefragt.

Momo beherrscht sie:

> »Momo könnte so zuhören, das dummen Leuten plötzlich sehr gescheite Gedanken kamen. Nicht etwa, weil sie etwas sagte oder fragte, was den anderen auf solche Gedanken brachte, nein, sie saß nur da und hörte einfach zu, mit aller Aufmerksamkeit und aller Anteilnahme. Dabei schaute sie den anderen mit ihren großen, dunklen Augen an, und der Betreffende fühlte, wie in ihm auf einmal Gedanken auftauchten, von denen er nie geahnt hatte, dass sie in ihm steckten.
> Sie könnte so zu hören, dass ratlose und unentschlossene Leute auf einmal ganz genau wussten, was sie wollten. Oder dass Schüchterne sich plötzlich frei und mutig fühlten. Oder dass Unglückliche und Bedrückte zuversichtlich und froh wurden. Und wenn jemand meinte, sein Leben sei ganz verfehlt und bedeutungslos und er selbst nur irgendeiner unter Millionen, einer, auf den es überhaupt nicht ankommt, und der eben so schnell ersetzt werden kann wie ein kaputter Topf – und er ging hin und er erzählte alles das der kleine Momo, dann wurde ihm noch während er redete, auf geheimnisvolle Weise klar, dass er gründlich irrte, das es ihn, genauso wie er war, unter allen Menschen nur ein einziges Mal gab und er deshalb auf seine besondere Weise für die Welt wichtig war.
> So könnte Momo zuhören!« (Ende 1973, S. 15 f.)

Worte für die Beschreibung eines Geschehens zu finden und seine Gefühle auszudrücken, ist für junge Kinder schwierig. Jedoch zeigen sie ihre Einschätzung der Situation durch Gestik, Mimik und Verhalten deutlich an. Kinder zu beobachten, ihre Reaktionen fragend einzuschätzen und ihnen Sicherheit und Hilfe anzubieten, ist eine Haltung, die, wie oben beschrieben, in Resonanz geht und voraussetzt, nicht genau zu wissen, was im Kind und innerhalb der Situation vorgeht. Die Neugier und Empathie der Pädagogin wollen wissen, was die Kinder bewegt, die einen Konflikt erleben. Eine kurze Reflektion der eigenen Befindlichkeit ist notwendig, bevor die Begleitung eines Streits beginnt. Bin ich in einer Verfassung, in der ich wirklich hilfreich sein kann? Oder will ich, dass schnell Ruhe einkehrt und verhalte mich dementsprechend? Vielleicht bitte ich lieber die Kollegin? Oder atme aus …

Ein Beispiel
Nach der Schilderung eines Konfliktes fragte ich nach der Art und Weise, wie die Pädagogin sich verhalten hätte. Ich habe dann die Pädagogin

damit erschrocken, als ich zu ihrer Schilderung sagte: »Schreien ist Gewalt!« Sie schrieb sich den Satz auf und sagte leise: »Danke, das war mir nicht klar.«

Wenn die Worte noch nicht ausreichend zur Verfügung stehen, setzen junge Kinder alle ihre Möglichkeiten ein, um deutlich zu machen, was sie stört. Um Bedürfnisse zu zeigen und Grenzen klar zu machen, legen sie manchmal Verhalten an den Tag, das wir als schwierig erleben. Schreien, hauen, kratzen, beißen, Haare ziehen und schubsen sind Verhaltensweisen, die zum Ausdruck bringen, dass eine Schieflage besteht. Hier gilt es, die Lage zu analysieren und zu entscheiden, welche Hilfe notwendig ist:

Wie wird diese Entscheidung für die Kinder sichtbar? Und welche Wirkung haben die Handlungen der Pädagogin?

- Können Kinder sehen, dass Hilfe kommt oder zieht sie jemand am Arm aus dem Geschehen?
- Können sie hören, dass eine Unterbrechung angesagt ist, ohne dass sie angeschrien werden?
- Können sie fühlen, dass die Pädagogin sie verstehen will oder soll schnell wieder Ruhe einkehren?
- Hat jemand Interesse an einer Lösung oder gibt es Regeln und Grenzen, denen sich die Kinder fügen sollen?
- Gibt es eine Einigung, mit der alle Beteiligten etwas Neues erfahren oder erfährt das Kind Konsequenzen?

Ich halte das Wort »Konsequenzen« für einen neuen Begriff für das alte Wort »Strafe«. Leider sind Pädagoginnen manchmal so hilflos, dass sie Konsequenzen einsetzen, die für Kinder nicht verständlich sind und die sie einsam, beschämt, traurig oder aggressiv werden lassen. Ich denke hier an den Ausschluss von der Teilnahme an Aktivitäten bis hin zur Isolierung und Gewalt über Sprache und Handlungen.

Beispiele:

- Sattes, unruhiges Kind, das nicht aufstehen darf: »Wenn du deinen Nachbarn nicht in Ruhe lässt, dann darfst du keinen Nachtisch essen.«
- Zwei Kinder, die interessiert den Lichtschalter an- und ausmachen: »Weg hier, geht da nicht ran.«
- Zwei um Bauklötze streitende Kinder: »Du hattest die zuerst, jetzt spiel damit. Und du musst jetzt mal warten.«
- Kind, das oft Streit hat: »Ich setz dich jetzt ins Bad. Da kannst du dich beruhigen.«

- Kind, das ein anderes Kind gebissen hat: »Jetzt setzt du dich mal auf den Stuhl und machst dir klar, dass man anderen nicht wehtun darf.«

Gewaltfreie Erziehung geht anders. Im Folgenden benenne ich wichtige Aspekte dazu.

Natürlich müssen wir Kindern sagen, dass sie andere nicht verletzen dürfen. Allerdings ohne selbst Gewalt anzuwenden, ansonsten werden wir genau dafür zum Vorbild. »Denn wir können auf keinen Fall vom Kind erwarten, dass es seine Spielgefährten um ein begehrtes Spielzeug bittet und es nicht einfach nehmen, wenn der Erwachsene dem Kind Dinge wegnimmt, statt es darum zu bitten« (Pikler/Tardos 1994, S. 98). Um eine Situation, die aggressiv gestimmt ist, zu unterbrechen, hilft es, wenn die Pädagogin tief ausatmet und erst dann spricht. Einige Beispiele: »Ich möchte, dass du aufhörst.« »Ich will, dass du aufhörst.« »Nein, bitte lass das, das tut dem anderen weh.« »Was macht dich wütend, was brauchst du?« »Du bist traurig, ärgerlich? Zeig es mir, sag es mir.«

Beispiele von Kindheitspädagogin und Kita-Leitung Ramona

Kinder schreien gern laut oder kreischen in hohen Tönen. Das kann für die anderen Kinder und die Erwachsenen sehr anstrengend sein. Wir bieten den Kindern außer einem »Nein, hier bitte nicht!« die Möglichkeit an, dass sie in den Waschraum zum Schreien gehen dürfen. Sie entscheiden, ob sie mit der Pädagogin oder allein gehen wollen. Oft gehen Kinder auch gern mit einem Freund rüber, machen die Tür hinter sich zu und genießen das Laut-sein-Dürfen ganz rücksichtsvoll. Ähnliches gibt es zum Ball werfen und schießen zu berichten. Die Großen haben schon richtig Wumms. Problematisch ist das für die Kleinsten auf dem Boden. Nun dürfen die Kinder auf den Flur oder auf die einsehbare Krippenterrasse. Dahin dürfen sie auch allein. Und das machen die Großen sehr gern!

Ein weiterer Aspekt: Ein chinesisches Sprichwort meint, dass der Blick das zweite Rückgrat sei. Blicke können Stabilität und Sicherheit geben. Blicke können aber auch so belastend sein, dass wir sprichwörtlich meinen, sie könnten töten. Sie können Machtverhältnisse ausdrücken, stellt man sich z. B. militärische Apelle vor. Mit Blicken bewusst umzugehen, ist eine pädagogische Notwendigkeit. »Sieh' mich an!« kann ein großes Machtgefälle ausdrücken und das Kind lähmen. Ein Kind freundlich und klar anzuschauen, wenn man etwas von ihm will, es aber nicht mit dem Blick festzuhalten und klein zu machen, ist bedeutsam. Ein offener Blick gibt Sicherheit ohne Schuldgefühle zu vermitteln. Blicke, die während des Gesprächs schweifen und zurückkehren, halten keinen fest. Der Wechsel gibt ein Gefühl von »Gemeinsamkeit haben« im Anschauen. Und ein Gefühl von »bei sich zu sein« im Wegschauen.

Ebenso sind zu lange Erklärungen, zu viele Worte, Diskussionen oder die Androhungen von Konsequenzen schädlich. Eine ruhige Haltung gibt das Gefühl sich äußern zu dürfen. Kongruente Körpersprache sowie eine ruhige und sanfte Berührung nehmen Angst. Eine freundliche, einfache, kurze, klare Ansage kann begriffen werden. Sie nimmt Gefühle von Ohnmacht und gibt Handlungssicherheit. Zu schweigen, mit dem Herzensohr zuzuhören und auf die Antwort des Kindes zu warten, gibt einen Raum, in dem Lösungen entstehen können. Die Haltung der Pädagogin während der Konfliktbegleitung sollte Kindern vermitteln, dass es um etwas geht, was zwischen Menschen geschieht und nicht ausschließlich um die beteiligten Personen an sich. Das Verhalten der am Konflikt beteiligten Personen passt gerade nicht zusammen. Es gibt verschiedene Bedürfnisse und Vorstellungen. Das macht Probleme und ist lösbar.

Es gibt viele Anlässe Kinder in Auseinandersetzungen zu begleiten. Ebenso kann es eine große Herausforderung darstellen, mit den Eltern und dem Team einen gemeinsamen Weg zu finden. Hierzu soll der folgende Brief eine Anregung sein. Besonders wichtig ist es, wiederkehrende Konflikte genau zu reflektieren und zu überlegen, was für unerfüllte Bedürfnisse hinter diesen liegen könnten. Sodann ist zu hinterfragen, was die Pädagoginnen an der Tagesstruktur, an den Kontakten zwischen Kind und Erwachsenen und an Raumstruktur und Materialangebot verändern könnten, um Konflikte zu minimieren. Es ist erstaunlich, wie ruhig und konfliktfrei es zugeht, wenn die Kinder in diesen Bereichen gut versorgt sind. Trotzdem tauchen Konflikte auf, es wird sogar gebissen. Hier ein Brief dazu:

Liebe Eltern und Kolleg*innen,
wir möchten Sie und Euch über das Beißen und ähnliches Verhalten informieren. Wir freuen uns über Fragen und Anregungen!
»Beißen« gehört zur Entwicklung in den ersten Lebensjahren dazu!
Beißen ist ein überaus herausforderndes Verhalten jüngerer Kinder: für das beißende Kind und dessen Eltern, für das gebissene Kind und dessen Eltern, für die anderen Eltern von Kindern aus der Gruppe, für die Fachkräfte und die Leitung. Beißen, Kneifen, Kratzen und Haare ziehen werden als eine tiefe

Grenzüberschreitung empfunden. Es hinterlässt oft sichtbare Spuren in der Haut und bleibt manchmal lange im Gedächtnis. Da Beißen als kindliches Verhalten im Alter von einem bis vier Jahren häufig auftritt, müssen sich Pädagoginnen auf diese Herausforderung vorbereiten.
Kinder erkunden ihre Umwelt zuerst mit dem Mund, sie nehmen die Welt damit sensibel wahr. Diese Wahrnehmungsform ist von Beginn an durch Saugen und durch Etwas-in-den-Mund-nehmen trainiert. Der Einsatz des Mundes ist also für Kinder sehr vertraut. Zum Beißen kommt es oft, wenn Kinder ihre Bedürfnisse spüren, diese jedoch noch nicht sprachlich ausdrücken können oder sich nicht verstanden fühlen.

Zu 80–90 % beißen Kinder zu, wenn sie sich in einem Interessenkonflikt befinden. Beißen ist somit eine Reaktion auf etwas Vorausgegangenes:
Interessiert es sich für ein Spielzeug oder will es dieses verteidigen?
Wird es an seinem Drang, die Umwelt zu entdecken gehindert oder ist ihm langweilig?
Wird es abrupt aus einem Spiel gerissen?
Sind die Erwartungen an das Kind, z. B. im Hinblick auf soziale Fähigkeiten wie das Abgeben eines Spielzeugs, zu hoch?
Muss das Kind zu lange warten, sind seine Grundbedürfnisse nicht befriedigt (müde, hungrig, Zuwendung …)?
Gibt es Überstimulation (zu helles Licht, zu hohe Lautstärke, zu viele Eindrücke, zu wenig Rückzugsmöglichkeiten, zu hektischer Tagesablauf …)?
Erfahren Kinder einen respektvollen Umgang mit ihren Wünschen nach Nähe und Distanz? Beißen kann auch Ausdruck eines Kontaktwunsches sein.
Studien in Kindertagesstätten haben ergeben, dass Kinder häufig in räumlich beengten Situationen beißen, z. B. beim Umziehen in der Garderobe, im Bad …
Wichtig ist es zu wissen, dass Beißen in der Entwicklung von Kindern kein ungewöhnliches Verhalten darstellt und in jedem Fall ohne böse Absicht passiert. Es hilft nicht, Kinder auszuschimpfen oder zu Hause Gespräche darüber zu führen. Ein Kind beißt nicht vorsätzlich, um z. B. Aufmerksamkeit zu erregen. Manchmal scheint es mit den Gründen und Folgen seines Verhaltens zu experimentieren, sie kennenlernen zu wollen. Manchmal braucht es die Zuwendung eines vertrauten Erwachsenen.
Junge Kinder können Konflikte oft allein bewältigen. Ob sie unsere Unterstützung brauchen, bemerken wir, wenn wir aufmerksam sind und wahrnehmen, ob ihre Signale wie Blicke und Worte uns auffordern. Sie gilt es wahrzunehmen und erst dann zu helfen, indem wir ausreichend Raum und Zeit schaffen, damit das Kind seine Grenzen und Möglichkeiten erkennt;

indem wir Grenzen erkennen und freundlich deutlich machen, z. B.: »Nein, bitte nicht. Was willst du, was brauchst du?«;
indem wir mit dem Kind ruhig sprechen, dem Kind Zeit lassen, das Geschehene und seine Gefühle zu verstehen, seine Reaktionen abwarten und gezielt darauf eingehen.
Zeigt ein Kind ein uns herausforderndes Verhalten, ist es unbedingt notwendig, eine sorgfältige Analyse vorzunehmen:
Was hat sich vor dem herausfordernden Verhalten ereignet?
Wie verhält sich das Kind, was macht es genau?
Was hat sich direkt nach dem Verhalten ereignet?
Wo ereignet sich die Auffälligkeit (Waschraum, Garderobe …)?
Wann tritt die Auffälligkeit auf (Tageszeit, Befindlichkeit)?
Welche Materialien werden in der Situation genutzt (Was sieht, hört, fühlt und interessiert das Kind?)?
Wer hält sich in der Nähe des Kindes auf, gibt es »Schlüsselpersonen«, die immer da sind?
Was fehlt dem Kind, was braucht es von uns?
Wir sollten mit konkreten Maßnahmen experimentieren:
Den Tagesablauf in unserer Einrichtung analysieren und ggf. modifizieren.
Genügend Spielzeug zur Verfügung stellen, von beliebtem Spielzeug nicht nur eines, sondern viel von jedem.
Materialien zum Hineinbeißen, Loslassen, Trennen anbieten; Werfen dürfen.
Ständige Bewegungsmöglichkeiten haben und Material zum Treten, Stampfen, Stoßen, Reißen, Ziehen anbieten.
Hartes zum Beißen, z. B. getrocknetes Brot, Obst und Gemüse, Beißring, feuchten Waschlappen anbieten.
Kinder, die beißen und Kinder, die gebissen werden, liebevoll begleiten.
Das unerwünschte Verhalten klar beenden, z. B. mit: »Bitte aufhören«. Mögliche Gefühle beider Kinder benennen und Alternativen besprechen und anbieten, s. o.
Eltern und Erzieherinnen arbeiten offen und erklärend und reflektieren zusammen, Veränderungen werden erprobt.
Verschiedene Rückzugsräume anbieten (Höhlen, Ecken, Kisten, Decken, Kissen …).[4]

4 Drüner 2016 (www.info@druener-coaching-goettingen.de) und Krippenberater*innen der Ev. Landeskirche Hannover und TN Seminar »Guter Umgang mit Konflikten«. Literaturempfehlungen: Gutknecht, D. (2012): Bildung in der Kinderkrippe. Wege zur Professionellen Responsivität. Stuttgart, S. 100–107.

> »Wenn wir wahren Frieden in der Welt erlangen wollen, müssen wir bei den Kindern anfangen.« (M. Gandhi)

Heutzutage gibt es für Kinder immer weniger zu beißen. Denken wir an Quetschobst in Plastikflaschen zum Saugen und an Toastbrote, von denen auch noch die Rinden abgeschnitten werden. Oder an Beißringe, die ihren Namen nicht verdienen, weil sie aus gelgefülltem Plastik bestehen. Wo ist Brot, Obst und Gemüse ohne Weichmacher? Wo Hölzer, auf die man wirklich beißen kann? Die Begegnung mit etwas Hartem, das herausfordert, seine stärksten Muskeln, nämlich die Kauwerkzeuge einzusetzen, macht im Leben Sinn. Körper, Geist und Seele wirken auch hier zusammen. Dass drückt sich in vielen sprachlichen Äußerungen deutlich aus:

Da beißt aber jemand um sich, kann sich in was verbeißen, hat etwas gut oder schlecht verdaut, hat Biss, kann sich durchbeißen, kann bissig sein, kann etwas richtig durchkauen, jemanden zum Fressen gernhaben, jemanden anknabbern können, ihm Liebesbisse verpassen …

Kinder sehen Emotionen bei anderen und verstehen mit der Zeit und durch die von ihnen gemachten Erfahrungen, dass sie bei anderen mit bestimmten Verhaltensweisen bestimmte Gefühle auslösen. Sie streicheln »Ei, ei« und erwarten dann auch eine positive Rückmeldung. Sie hauen und staunen, was das mit anderen macht. Sie erleben selbst, dass sie unterschiedlich reagieren und dass sie Gefühle auch selber regulieren und einsetzen können. Und dass man sich in andere hineinversetzten kann, um sie zu verstehen, ihnen zu helfen oder auch ihnen zu schaden. Ein langer Weg. Die ersten Schritte auf diesem Weg sind der körperliche und verbale Ausdruck von Gefühlen. Um einen angemessenen Umgang mit Gefühlen entwickeln zu können, brauchen Kinder den Raum für diesen Ausdruck von Gefühlen, ein Verständnis von ihnen, müssen lernen sie regulieren zu können, sie bei anderen lesen zu können und sie müssen lernen, alles zusammen so einzusetzen, dass es als sozial verträglich gilt. Menschen bewegen etwas, wenn sie von etwas emotional und kognitiv bewegt sind. Für Pädagoginnen wäre also ein Studium des Ausdrucks von Gefühlen bei

---

Verband kath. Kitas in Bayern e. V. (2015): Kleinstkinder in Achtsamkeit begleiten. Wie Interaktion und Dialog mit Kindern in den ersten drei Lebensjahren gelingen kann. München, S. 67–71.
Haug-Schnabel, G. (2009): Aggressionen bei Kindern. Praxiskompetenz für Kitas. Freiburg i. B.
Juul, J. (2014): Aggression. Warum sie für uns und unsere Kinder notwendig ist. Frankfurt a. M.

Kindern spannend. Sie zu benennen, sie zu akzeptieren und den Umgang damit zu begleiten. Leicht fällt das bei dem Ausdruck von Freude und Überraschung. Aber wie mit den anderen Grundgefühlen wie Angst, Wut, Ekel, Trauer und Verachtung umgehen?

Es sei an das Gefühl des Ekels vor bestimmtem Essen erinnert oder an das Wegdrehen bei einem Zuviel an Nähe. Oft wird geweint. Der Zugang zum Gefühlsausdruck durch das Vergießen von Tränen ist für Kinder noch unverstellt frei. Haben Erwachsene Respekt vor kindlichen Gefühlsausdrücken, dürfen diese gezeigt werden und wie wird darauf reagiert? Das eigene Gefühl, die kindlichen Gefühle beeinflussen zu wollen, ist sehr stark. Das sind ganz natürliche Impulse, denn wir fühlen uns aufgefordert, für die Kleinen zu sorgen. Das Kind soll schnell wieder froh sein, das Schreien und Weinen soll aufhören.

Und doch scheint es mir bedeutsam zu sein, was sich da mit dem Weinen ausdrücken möchte. Darf sich das Gefühl der Trauer durch ein längeres Weinen ausdrücken? Kinder trauern wie alle Menschen, wenn sie etwas loslassen müssen. Sie erleben Abschiede, z. B. in der Eingewöhnung, durch den Tod eines Haustiers, die Trennung der Eltern, einen Umzug oder den Wechsel in den Kindergarten. Auch körperlich, bei Krankheit, Verletzung und Streit, sind Schmerzen und das Traurigsein ganz real. Mit Weinen reagieren Menschen auch auf Stress, Angst, Erschöpfung, Wut, Rührung und Glück.

Pädagogisch mit dem Weinen umzugehen heißt, dem Kind diesen Gefühlsausdruck zu lassen und ihm Trost anzubieten. Dann geht es ihm hinterher besser. Trost anbieten bedeutet, in einen Austausch mit dem Kind zu gehen. Um einen Menschen zu trösten, gibt es viele Möglichkeiten. Zuerst sei gesagt, dass der in Mode gekommene Einsatz des Kühlkissens nicht jeden Schmerz lindert. Auch das Ablenken mit Spielmaterial hilft oft nur kurz, dann kehrt der Schmerz zurück. Kinder, die weinen, werden oft auf den Arm genommen, getragen und dabei auf und ab bewegt. Es scheint eher ein Ablenkungsversuch für das Kind und ein Selbstberuhigungsversuch für Erwachsene zu sein, als das Bemühen zu versuchen, das Kind zu verstehen.

Was das Weinen sagen will, ist gewiss eher in einer ruhigen Situation herauszubekommen und zu begleiten. Den Arm oder den Schoß anzubieten, ein sanfter, freundlicher Ton und Blick und auch das alte Pusten und Singen können Trost spenden. Das Benennen des Schmerzgrundes zeigt Verständnis und ist sehr tröstend, z. B. mit Fragen wie: »Es tut dir weh?«; »Wo?«; »Könnte dir pusten, Eiei machen, Ausruhen guttun?«. Dem Kind etwas Zeit zu lassen, damit es sich fangen kann und antworten kann. Den richtigen Abstand zu halten. Blicke, die sagen »ich verstehe«, Gesten, die sagen »Tut mir leid, wenn es dir weh tut« sind weitere Trostspender. Und nicht zu vergessen: Auch kleine Kinder spenden einander so Trost.

Eine Aussage wie: »Kinder können auf Knopfdruck weinen« vermittelt eine bestimmte Vorstellung von Erwachsenen. Nämlich die, dass Kinder ihre Gefühlsäußerungen bewusst einsetzen, um etwas zu bekommen. Wer hat ihnen das beigebracht? Die Erwachsenen! Denn sie haben in Situationen so reagiert, dass das Kind den Glaubenssatz gelernt hat: »Ich bekomme Zuwendungen, wenn ich bestimmtes Verhalten zeige«. Beim Weinen wird es kritisiert. Beim Lachen wird es honoriert. Versuchen wir die wirklichen Bedürfnisse des Kindes zu erkennen, wird das Kind uns authentische Gefühle zeigen. Darf es auch Trauer und Wut zeigen, so wird es immer wieder Entspannung erleben und entwickelt soziale Kompetenz. Trösten Pädagoginnen Kinder, bieten ein tröstliches Objekt an, sprechen sie mögliche Gefühlslagen an, so helfen sie, dass Kinder ihre Gefühle auch selber regulieren lernen. Sie bekommen ja verschiedenste Möglichkeiten dazu angeboten.

Der folgende Konfliktleitfaden benennt wichtige Punkte, um Streit von Kindern feinfühlig zu begleiten.

1. Schritt: Die pädagogische Entscheidung treffen.
   Ist es notwendig einzugreifen und zu begleiten, oder nicht? Senden die Kinder mit Blicken, Verhalten oder Worten Signale aus, die ein Hilfebedürfnis anzeigen?
2. Schritt: Die Aufmerksamkeit der Kinder bekommen.
   Hier gilt es ein akustisches Signal zu senden, Kinder mit Namen und mit einem kurzen Satz wie »Bitte aufhören.« anzusprechen. Dazu kurze Blicke zu den Beteiligten. Das vermittelt den Kindern, gesehen zu werden und gemeint zu sein. Es wird ein Gefühl von Sicherheit und Autorität vermittelt, das gibt Halt. Ein Stopp wird eingelegt.
3. Den Konflikt ruhig benennen.
   Mit einem Satz wie »Ich sehe, dass ihr Streit habt.« kann der Konflikt festgestellt werden. Dann ist ruhig eine Antwort der Kinder abzuwarten, durch z. B. ein Nicken, einen zustimmenden Blick oder ein Wort.
4. Das Problem benennen.
   Nun wird nicht nach dem gefragt, wer was zuerst getan hat. Ohne Schuldzuweisung wird einfach und fragend die Diskrepanz, die im Konflikt liegt, benannt, z. B. »Das Problem ist, dass ihr beide das Spielzeug haben wollt?«.

5. Die Zauberfrage.
   Beide Seiten werden mit ihrem Anliegen ernst genommen. Dahinterliegende Bedürfnisse werden zum Thema gemacht. Fragen können hier sein: »Was brauchst du? Und du? Was braucht ihr?« Bei jungen Kindern z. B.: »Du möchtest das haben. Du auch. Das ist ein Problem: Ein Spielzeug, zwei Kinder, mhmhm.«
   Gefühlsäußerungen werden benannt: »Bist du traurig, weil der andere es hat und du es auch interessant findest?« »Ja, das ist nicht leicht.«
6. Der Lösungsvorschlag.
   Aus dem Gefühl der Empathie heraus werden dann Ideen, Wünsche, Lösungsvorschläge von den Kindern (»Was machen wir denn da?«) oder der Pädagogin benannt. Dies kann wiederholt werden und sollte echt und ehrlich in einer Sprache geäußert werden, die zum Entwicklungsstand der Kinder passt. Wenn Kinder keine Idee äußern, kann ein Vorschlag helfen: »Wollen wir ein zweites Spielzeug holen?«
7. Die Entscheidung.
   Dann wird die Zustimmung von allen zur Lösung eingeholt. Die Lösung wird für alle deutlich ausgesprochen, z. B. »Ja, du wartest etwas.« oder »Wir holen mehr davon.« oder »Wir trösten dich.«.
8. Die Besiegelung.
   Die Zustimmung zum Ergebnis wird ausgesprochen und das Einverständnis verdeutlicht, z. B.: »Sind alle einverstanden, ja, (Zustimmung abwarten), so machen wir es jetzt.«
9. Den Streit beenden und Frieden schließen.
   Das Ende der Auseinandersetzung wird benannt und damit positiv beendet, z. B.: »Ist es so gut, alle sind zufrieden, dann ist der Streit jetzt zu Ende. Wir können uns freuen!«
10. Das Ende.
   Die Pädagogin achtet auf die Einhaltung der Lösung.

Dabei kann man oft erneute Begegnungen beobachten, in denen Kinder die Lösung weiterentwickeln. Es kommt zu Ideen oder freundschaftlichen Begegnungen wie: Blicke tauschen, lächeln, tauschen, abgeben, geben und nehmen. Das sind sehr wichtige Zeitpunkte, die ohne viele Worte gute Beziehungsmomente bezeichnen. Denken wir also auch an die Begegnungen von jungen Kindern, die Momente der Gemeinsamkeit. Sie können gleichzeitig Ähnliches tun, sich helfen, sich etwas zeigen oder geben, etwas lustig finden und sich trösten. Da beginnen Freundschaften! Oder jeder geht entspannt seiner Wege.

Oder die Pädagogin erkennt hinter dem Konflikt liegende Bedürfnisse, um die sie sich kümmern muss. Wenn sie z. B. bemerkt, dass Kinder »in Ruhe spielen wollen«, kann das Thema die Raumgestaltung sein. Wenn Räume klare Grenzen haben und Funktionen bezeichnen, dann schaffen sie Spielraum und verhindern so Konflikte. Man kann sich fragen, ob Kinder sich selbst solche Räume gestalten dürfen und ob dafür Material wie Spielgitter, Absperrungsband oder Bauhütchen zur Verfügung stehen?

Andrea, Kitaleitung, berichtet von einem Beispiel, wie eine solche Konfliktbegleitung in der Entwicklung der Kinder wirkt:

Die Schulkinder sind den letzten Tag in der Kita, die Post bringt zwei Pakete. Alle packen friedlich aus und freuen sich über die Fahrzeuge, die mit den Paketen ankamen. Auf sie hatten sie schon lange gewartet. Die Leitung bekam ein anerkennendes Nicken, sie hatte mit ihnen gemeinsam die Bestellung aufgegeben. Zwei Jungen spielten dann mit den neuen Müllwagen. Die anderen Kinder holten andere passende Fahrzeuge und Utensilien dazu, es entstand ein gemeinsames »Müllabstransportspiel«. Dann gab es Frühstück, es entstand über den Tisch ein Konfliktgespräch zwischen den beiden Jungen: »Wenn wir wieder nach oben gehen, spielen wir mit den Müllwagen weiter.« Die anderen Kinder schalten sich ein: »Ihr müsst aber mal abgeben!« »Wir wollen aber weiterspielen.« »Ihr habt doch schon so lange damit gespielt, wir wollen auch mal.« Andrea macht nun auf den Verlauf, nicht auf die Personen aufmerksam: »Was war schon möglich, wie lange habt ihr schon gespielt?« Die Kindergruppe beschießt, dann seien die beiden Jungen erstmal nicht dran. Die Köpfe der Jungen gehen nach unten, einer beginnt zu weinen und sagt: »Ihr seid gemein, ich will so gerne damit spielen. Dann macht mir hier alles keinen Spaß mehr.« Andrea: »Schade, das sollte doch unser letzter schöner gemeinsamer Tag werden.« Alle Kinder schauen nachdenklich. »Na gut, dann spielen wir eben schneller, dann kannst du weiterspielen, wenn es frei ist.« So wurde es gemacht und es funktionierte gut. Die Kinder waren zufrieden, sie fanden eine eigene Lösung. Die Begleitung durch die Leitung fand ohne eine Einordnung in Recht, Regeln und Unrecht statt. Allein die Benennung des Ablaufs und das Ziel des Tages gaben genügend Impulse, dass die Kindergruppe eine empathische und machbare Lösung entwickelte.

In einer Gesellschaft gibt es auch Straftaten, bei denen eine Zuordnung in Täter*in und Opfer klar zu treffen ist und entsprechende Strafen notwendig sind. Als Erwachsene*r ist man vor dem Gesetz mündig. Und doch: Oft sind die Täter*innen sowie die Opfer schon selbst in ihrer Kindheit schlecht behandelt oder gar misshandelt worden.

Mir ist es ein großes Anliegen, in diesem Buch aufzuzeigen, dass die Grundsteine für empathisches und damit demokratisches und friedliches Verhalten in der frühen Kindheit gelegt werden. Eltern und Großeltern, Geschwister, Verwandte und natürlich wir Pädagoginnen sind maßgeblich an diesem Prozess beteiligt. Ja, wir sind dafür verantwortlich, welche Haltung wir weitergeben. Welche Art von Menschen wird unsere Gesellschaft in die Zukunft führen? Können wir das beeinflussen? Ja, wir können! Mit dem Mut in echte Beziehungen zu gehen. Jedem Menschen, auch uns selbst, respektvoll zu begegnen. Und den Raum zwischen Menschen als den Platz zu erkennen, an dem sich diese Beziehungen gestalten lassen. Die pädagogische Arbeit als wichtigen Baustein der menschlichen Entwicklung zu sehen, darüber hat schon Kant geschrieben:

> »Die Erziehung ist eine Kunst, deren Ausübung durch viele Generationen vervollkommnet werden muß. Jede Generation, versehen mit den Kenntnissen der vorhergehenden, kann immer mehr eine Erziehung zu Stande bringen, die alle Naturanlagen des Menschen proportionirlich und zweckmäßig entwickelt, und so die ganze Menschengattung zu ihrer Bestimmung führt. […] Daher kann die Erziehung auch nur nach und nach einen Schritt vorwärts thun, und nur dadurch, daß eine Generation, ihre Erfahrungen und Kenntnisse der folgenden überliefert, diese wieder etwas hinzu thut, und es so der folgenden übergiebt, kann ein richtiger Begriff von der Erziehungsart entspringen […]. Mit dem Dressiren aber ist es noch nicht ausgerichtet, sondern es kommt vorzüglich darauf an, daß Kinder denken lernen. […] Man sieht also, daß bei einer ächten Erziehung sehr Vieles zu thun ist. […] Gott ist das heiligste Wesen, und will nur das, was gut ist, und verlangt, daß wir die Tugend ihres innern Werthes wegen, ausüben sollen, und nicht deswegen, weil er es verlangt.« (Kant 1803, S. 14 ff.)

Gehen wir es an!

Scheiben Sie mir Ihre Erfahrungsberichte, es wäre eine große Freude.

Dank

Danke Ute Fiuza und Mischa Drüner für die sorgfältige Korrektur und liebevolle Unterstützung.

Dank an Dennis Meiners, Gabi Eikenberg, Linda Gleitze, Tabea Bubbich, Andrea Schreiber, Ramona Koch und Ramona Wielsch fürs Korrekturlesen und für eure Beispiele.

Ute Wieder hat die Wippen gezeichnet, danke dir dafür.

Danke Kerstin Barth und Frank Schulz für euer großes Interesse an meinem Schreibprozess.

Danke Sr. Beate Grupp für deine wunderbaren unterstützenden Worte und Dank der Gemeinschaft der Missionsbenediktinerinnen von Bernried für die Teilhabe an ihrem Leben, das mir immer wieder Zeit und Ermutigung für viele Projekte, so auch diesem, in meinem Leben gab.

Herzlichsten Dank den Kitas und Pädagoginnen, die mir ihre Erfahrungen und ihre Fotos und Berichte zur Verfügung gestellt haben. An ihren Anliegen, Fragen und Erfahrungen ist mein Konzept »Kinder bis drei – geborgen und frei« gewachsen. Dank auch den Krippenberater*innen, mit denen ich in den Ausbildungskursen an so manchem Brief für Eltern und Kolleg*innen gebastelt habe.

Und vor allem Dank an alle Kinder, die mir vertraut haben. Besonders an die, die mich an Grenzen und damit an Möglichkeiten, darüber hinauszuwachsen gebracht haben. Eine große Herausforderung und Freude!

Das Buch sei meinen Eltern gewidmet.
Annette Drüner, Göttingen 2020

Literatur

Beckh, K./Mayer, D./Berkic, J./Becker-Stoll, F. (2013): Qualität in Kindertageseinrichtungen, Ergebnisse der NUBBEK-Studie. TPS-Theorie und Praxis der Sozialpädagogik, (9), 44–48.

Beller, E. K. (2002): Eingewöhnung in die Krippe. Ein Modell zur Unterstützung der aktiven Auseinandersetzung aller Beteiligten mit Veränderungsstress. http://liga-kind.de/fk-202-beller/ (Zugriff am 28.08.2020).

Buber, M. (2008): Ich und Du (13. Aufl.). Stuttgart.

Drieschner, E. (2011): Bindung und kognitive Entwicklung – ein Zusammenspiel. Ergebnisse der Bindungsforschung für eine frühpädagogische Beziehungsdidaktik. München.

Drüner, A.: Hoch hinaus und für andere da sein! Freie Bewegung macht Kinder klug, gesund und sozial. In: Botzum E./Remsperger-Kehm, R. (Hg.): Betreuung von Kleinstkindern. Qualität von Anfang an in Krippe, Kindergarten und Kita. Köln/Kronach (Im Erscheinen).

Ende, M. (1973): Momo. Stuttgart.

Falk, J./Aly, M. (2012): Beobachten, Verstehen und Begleiten. Berlin.

Freud, S. (1930): Das Unbehagen in der Kultur. Frankfurt am Main.

Gutknecht, D./Kramer, M. (2018): Mikrotransitionen in der Kinderkrippe. Freiburg.

Haug-Schnabel, G. (2007): Die Psychologie des Essens. In: Barmer GEK (Hg.): Mehr Zeit für Kinder (S. 30–39). Wuppertal.

Haug-Schnabel, G./Bensel, J. (2009): Ich gehe schon allein zur Toilette! Diesmal im Blick: Am Kind orientierte Sauberkeitserziehung. kindergarten heute, 39 (3), 42–44.

Hengstenberg, E. (1991): Entfaltungen, (1. Aufl.). Heidelberg.

Hüther, G. (2005): Biologie der Angst (7. Aufl.). Göttingen.

Juul, J. (2009): Aus Erziehung wird Beziehung. Authentische Eltern – kompetente Kinder (7. Aufl.). Freiburg.

Kant, I. (1803): Über Pädagogik. Königsberg.

Kálló, È./Balog, G. (1996): Von den Anfängen des freien Spiels. Göttingen.

Kneidinger, U. (o. J.): https://www.elternbildung-portal.at/artikel/achtsamkeit (Zugriff am 15.10.2020).

Laewen, H.-J. (1989): Nichtlineare Effekte einer Beteiligung von Eltern am Eingewöhnungsprozess von Krippenkindern: Die Qualität der Mutter-Kind-Bindung als vermittelnder Faktor. Psychologie in Erziehung und Unterricht, 36 (2), 102–108.

Laewen, H.-J./Andres, B./Hédervári, É. (2000): Ohne Eltern geht es nicht: Die Eingewöhnung von Kindern in Krippen und Tagespflegestellen (3. Aufl.). Neuwied/Berlin.

Lindgren, A. (1964): https://www.astridlindgren.com/de/zitate (Zugriff am 12.7.2020).

Loriot (1977): Feierabend. https://www.loriot.de/index.php/corona/624-feierabend-film (Zugriff am 28.08.2020).

Nouwen, H. J. M. (1994): Die Gabe der Vollendung. Mit dem Sterben leben. Freiburg.
Oerter, R./Montada, L. (2002): Entwicklungspsychologie (2. Aufl.). München-Weinheim.
Otto, J. (2012): Mischt euch ein! https://www.zeit.de/2012/47/Jesper-Juul-Kinderbetreuung-Krippenplatz/komplettansicht#comments (Zugriff am 05.10.2020).
Pikler, E. (2001): Laßt mir Zeit. Die selbständige Bewegungsentwicklung des Kindes bis zum freien Gehen (3. Aufl.). München.
Pikler, E./Tardos, A. u. a. (1994): Miteinander vertraut werden. Erfahrungen und Gedanken zur Pflege von Säuglingen und Kleinkindern. Freiamt.
Poostchi, K. (2013): Goldene Äpfel. Spiegelbilder des Lebens (5. Aufl.). Petersberg.
Portmann, A. (1960): Zoologie und das neue Bild des Menschen (2. Aufl.). Reinbek bei Hamburg.
Regel, G./Ahrens, S. (2016): Offene Arbeit in der Kita. Freiburg.
Renz-Polster, H. (2019): Erziehung prägt Gesinnung. Erziehung und Wissenschaft, 71 (07/08), 2.
Riedel, B. (2003): Selber denken macht gescheit. Pädagogisch arbeiten im Kindergarten. Bad Salzdetfurth.
Rogers, C. R. (1987): Therapeut und Klient. Grundlagen der Gesprächspsychotherapie. Frankfurt am Main.
Rönnau-Böse, M./Fröhlich-Gildhoff, K. (2015): Resilienz und Resilienzförderung über die Lebensspanne. Stuttgart.
Rosa, H. (2019): Macht Glaube glücklich? Die Zeit, (29), 39.
Saint-Exypery, A. (1999): Wind, Sand und Sterne. Leipzig.
Schulz von Thun, F. (2005): Miteinander reden, Band 3. Das «Innere Team» und situationsgerechte Kommunikation (14. Aufl.). Reinbek bei Hamburg.
Strub, U. (Hg.) (1991): Elfriede Hengstenberg Entfaltungen. Heidelberg.
Vahle, F. (2014): Kinder durch Bewegung und Musik innerlich stärken. Weinheim/Basel.
Vincze, M. (1994): Die Bedeutung der Kooperation während der Pflege. In: Pikler, E./Tardos, A. u. a. (1994): Miteinander vertraut werden. Erfahrungen und Gedanken zur Pflege von Säuglingen und Kleinkindern (S. 55–65). Freiamt.
Winner, A./Erndt-Doll E. (2009): Anfang gut? Alles besser! Ein Modell für die Eingewöhnung in Kinderkrippen und anderen Tageseinrichtungen für Kinder. Weimar.
Winnicott, D. W. (1992): Familie und individuelle Entwicklung (1. Aufl.). Frankfurt am Main.
Zimmer, D. E. (1986): So kommt der Mensch zur Sprache. Zürich.

Filme

Die Aufmerksamkeit des Säuglings während des Spiels. Regie: A. Tardos/G. Appell. Ungarn: Pikler-Loczy Association for Early Childhood/Association Pikler-Loczy-France, 2012.
Bindung und Beziehung. Regie: S. Thon. Deutschland: AV1 Pädagogik-Filme, 2018.